AF275015

Elaboración, análisis e implementación de los planes de igualdad. Nivel superior. CTRI0005

Noelia Aranda Maiz

ic editorial

Elaboración, análisis e implementación de los planes de igualdad. Nivel superior. CTRI0005
© Noelia Aranda Maiz

1ª Edición

© IC Editorial, 2025

Editado por: IC Editorial
c/ Cueva de Viera, 2, Local 3
Centro Negocios CADI
29200 Antequera (Málaga)
Teléfono: 952 70 60 04
Fax: 952 84 55 03
Correo electrónico: iceditorial@iceditorial.com
Internet: www.iceditorial.com

ISBN: 978-84-1184-795-7
Depósito Legal: MA 685-2025

Impresión: PODiPrint
Impreso en Andalucía – España

Nota de la editorial: IC Editorial pertenece a Innovación y Cualificación S. L.

Especialidad formativa

Se entiende por especialidad formativa la agrupación de contenidos, competencias profesionales y especificaciones técnicas que responde a un conjunto de actividades de trabajo enmarcadas en una fase del proceso de producción y con funciones afines.

Las especialidades formativas de Uso General, Formación Complementaria, Formación Modular y las especialidades formativas dirigidas a la obtención de certificados de profesionalidad se incluyen en el Fichero de Especialidades del Servicio Público de Empleo Estatal para su gestión en todo el territorio nacional por cualquier Administración competente.

Las especialidades complementarias, pertenecen todas a la Familia profesional de Formación Complementaria (FCO) y tienen la consideración de formación transversal en áreas que se consideran prioritarias tanto en el marco de la Estrategia Europea para el Empleo y del Sistema Nacional de Empleo como en las directrices establecidas por la Unión Europea. Se consideran áreas prioritarias las relativas a tecnologías de la información y la comunicación, la prevención de riesgos laborales, la sensibilización en medio ambiente, la promoción de la igualdad, la orientación profesional y aquellas otras que se establezcan por la Administración competente.

Las especialidades de Certificado de profesionalidad tienen una duración especificada en su normativa reguladora.

En el resultado de la búsqueda, se muestran las unidades de competencia, todos los módulos formativos con su duración y las unidades formativas del certificado correspondiente, con su duración. Las horas del certificado, exclusivo de las especialidades de certificado de profesionalidad, con alta igual o superior a 2008, son las horas totales más las horas del módulo de Prácticas Profesionales no Laborales.

- **Si la especialidad tiene unidades formativas,** las horas totales, presencial, distancia, teleformación serán igual a la suma de esas horas de las unidades formativas de los distintos módulos, sin que se repita ninguna Unidad formativa.

➲ **Si la especialidad no tiene unidades formativas,** las horas totales, presencial, distancia, teleformación serán igual a las sumas de esas horas de los módulos formativos, eliminando las horas de los módulos repetidos.

https://sede.sepe.gob.es/especialidadesformativas/RXBuscadorEFRED/
BusquedaEspecialidades.do

(Fuente: Servicio Público de Empleo Estatal)

Índice

Unidad de aprendizaje 4
Herramientas, materiales didácticos y recursos disponibles en los planes de igualdad

OBJETIVOS GENERALES

Los objetivos generales de **CTRI0005. Elaboración, análisis e implementación de los planes de igualdad. Nivel superior,** son:

- Analizar el contenido y aspectos necesarios para la diagnosis previa de una organización con el fin de situar el grado de integración de la igualdad.
- Controlar los elementos necesarios para el cálculo de la brecha salarial de género y su posterior registro retributivo, profundizando en la valoración de los puestos de trabajo con perspectiva de género.
- Identificar buenas prácticas de distintas organizaciones en la implementación de los planes de igualdad.
- Localizar los recursos disponibles para la elaboración un plan de igualdad.

El foco en la diagnosis

Contenido

Objetivos

El objetivo general de esta Unidad de Aprendizaje es:

→ Analizar el contenido y aspectos necesarios para la diagnosis previa de una organización con el fin de situar el grado de integración de la igualdad.

Los objetivos específicos de esta Unidad de Aprendizaje son:

→ Identificar las desigualdades de género presentes en la organización.

→ Fomentar la formación y sensibilización en igualdad de género en todos los niveles de la organización.

→ Conocer herramientas y estrategias efectivas para la prevención de prácticas discriminatorias y la promoción de la diversidad e inclusión.

1. Introducción

En la elaboración de los planes de igualdad, el proceso de diagnosis es crucial, porque permite identificar las diversas áreas en que las desigualdades de género pueden ser más pronunciadas y, consecuentemente, donde se pueden aplicar mejoras significativas. La realización de un diagnóstico sólido es comparable a establecer un mapa claro que guíe todas las decisiones estratégicas futuras orientadas a promover la igualdad de género y a prevenir cualquier forma de discriminación en el entorno de trabajo.

Un diagnóstico bien estructurado y elaborado puede mejorar las condiciones de trabajo en muchos ámbitos. Destaca, por ejemplo, el de la corresponsabilidad y conciliación familiar y laboral.

Además, un diagnóstico preciso ayuda a identificar y erradicar prácticas que puedan inducir desigualdades, como el acoso laboral o las retribuciones no equitativas.

Del mismo modo, es imprescindible trabajar con un enfoque de género e interseccional, lo que nos permitirá conocer las desigualdades de género, y las discriminaciones y opresiones que sufren las mujeres. También se tendrán en cuenta otras variables que pueden interseccionar y producir necesidades y discriminaciones específicas, como la orientación sexual, la etnicidad o la discapacidad.

Al abordar la diversidad y fomentar un ambiente inclusivo, las empresas no solo cumplen con su responsabilidad social, sino que también aprovechan la riqueza de perspectivas que la diversidad aporta al desarrollo organizacional.

Para visualizarlo de forma práctica, se tomará en el caso de la empresa Conexia Global S. L., que está realizando su primer plan de igualdad y registro retributivo.

2. Análisis del contenido mínimo de la diagnosis

☞ **HILO CONDUCTOR**

En Conexia Global S. L. son conscientes de la importancia de un entorno laboral igualitario, por lo que empezaron un análisis exhaustivo del contenido mínimo necesario para realizar el diagnóstico de su plan de igualdad. Este proceso incluyó la revisión de la clasificación profesional para identificar posibles sesgos de género, la evaluación de las oportunidades de promoción interna y el acceso a la formación, así como un análisis de las condiciones de trabajo desde un enfoque de género interseccional. Además, se abordaron los aspectos claves de la corresponsabilidad y conciliación, las retribuciones salariales y la infrarrepresentación femenina en ciertos niveles jerárquicos. Con todo ello, su objetivo era garantizar que todas las áreas críticas fuesen abordadas en el plan de igualdad, para así desarrollar estrategias efectivas que promoviesen la igualdad de género.

En el contexto de la elaboración de un plan de igualdad, la diagnosis es una etapa fundamental para comprender el estado en ese momento de la organización en términos de igualdad de género. El análisis del contenido mínimo de esta diagnosis es un componente crucial, ya que asegura que se aborden todas las áreas clave relevantes para desarrollar estrategias eficaces que promuevan un entorno equitativo.

Las fases de la diagnosis y, por tanto, su contenido mínimo, son:

- **Recopilación de datos:** recopilación de datos cuantitativos y cualitativos, realizando un análisis exhaustivo de la composición de la organización en términos de género. Este análisis debe detallar la distribución de género en diferentes niveles jerárquicos y áreas funcionales, además de identificar patrones en la contratación, la promoción y la retención de talento.
- **Revisión de las políticas y procedimientos internos:** evaluación crítica de las políticas de contratación, remuneración y promoción para identificar cualquier disparidad de género. Las políticas deben ser revisadas para determinar si existe una igualdad de oportunidades y cómo se abordan las cuestiones de diversidad. Cualquier laguna o sesgo identificado puede señalar un área que requiera una intervención específica.
- **Análisis de la cultura organizacional y el clima laboral:** se deben evaluar actitudes, comportamientos y creencias predominantes que pue-

dan perpetuar desigualdades de género. Algunas herramientas, como las encuestas anónimas de percepción y grupos focales, pueden ofrecer *insights* valiosos sobre cómo se percibe la igualdad dentro de la organización y si existen barreras culturales para un entorno inclusivo.

- **Análisis de las prácticas de conciliación laboral y familiar:** se evalúa si la organización ofrece facilidades, como horarios flexibles, permisos de maternidad y paternidad equitativos, y servicios de apoyo, que permitan a los empleados balancear sus responsabilidades laborales y familiares. Las diferencias en el acceso o uso de estos beneficios pueden resaltar áreas de mejora que necesiten ser abordadas en el plan de igualdad.
- **Análisis de los procesos de formación y desarrollo profesional:** se busca garantizar que los programas de capacitación estén diseñados de manera equitativa para promover la igualdad de oportunidades de desarrollo personal y profesional. Se debe prestar atención a la participación de ambos sexos en tales programas y la representación equitativa en roles de liderazgo.
- **Análisis de las desigualdades salariales:** un estudio de la paridad salarial no solo examina las diferencias de ingresos entre hombres y mujeres, sino que también considera aspectos más sutiles, como los beneficios complementarios y los bonos de rendimiento. Este análisis debe ser lo suficientemente detallado para eliminar cualquier sesgo oculto que pueda alimentar las disparidades salariales.
- **Elaboración de un informe de resultados:** una vez recopilados y analizados estos datos, es crucial que la diagnosis contemple la elaboración de un informe detallado que resuma los hallazgos clave. Este informe debe resaltar las áreas críticas donde la desigualdad de género es más pronunciada, ofreciendo así una guía para el desarrollo de un plan de acción efectivo. El informe debe presentar una visión clara y estructurada de la situación actual, identificando tanto fortalezas como debilidades que puedan influir en la implementación del plan de igualdad. La efectividad de la diagnosis depende en gran medida de la calidad y la exhaustividad de los datos recopilados.

 PARA SABER MÁS

El Ministerio de Igualdad tiene una guía para una elaboración del diagnóstico desde el enfoque de género, donde se incluyen todos los pasos que seguir y ejemplos concretos. Accede desde aquí para verla:

Continúa en página siguiente >>

<< Viene de página anterior

https://redirectoronline.com/ctri00050101

2.1. Clasificación profesional

La clasificación profesional es un componente esencial en la implementación de planes de igualdad dentro de las organizaciones. Para desarrollar una estrategia efectiva y equitativa, es crucial comprender cómo la estructura de clasificación profesional afecta a las dinámicas de género y la igualdad en el entorno laboral.

 DEFINICIÓN

La clasificación profesional

Sistema mediante el cual se organiza a los empleados dentro de una empresa según categorías que reflejan sus funciones, responsabilidades, nivel de habilidades y formación necesaria para desempeñar su trabajo. Tradicionalmente, estas clasificaciones se establecen para optimizar los recursos humanos y asegurar que las tareas y responsabilidades sean delegadas adecuadamente. Sin embargo, la manera en que estas clasificaciones se estructuran puede tener un impacto significativo en la igualdad de género.

La clasificación profesional es uno de los pilares fundamentales para establecer un ambiente laboral igualitario. Mientras las organizaciones trabajen para desterrar desigualdades, deben recordar que la integración de perspectivas de igualdad de género en la clasificación profesional no es solo un imperativo moral o legal, sino también una estrategia de negocio prudente que promueve la innovación y el crecimiento económico sostenible.

Por eso, debemos tener en cuenta lo siguiente:

- **Segregación ocupacional:** las clasificaciones profesionales han surgido a lo largo de la historia en contextos socioeconómicos en los que la segregación ocupacional por género era la norma. Así, muchas de las categorías tradicionalmente asociadas con mujeres, como aquellas en sectores de la enseñanza, la salud y el cuidado, han sido desvalorizadas económicamente en comparación con sectores dominados por hombres, como la ingeniería o la tecnología. En la diagnosis, es necesario identificar estas brechas y hacer un seguimiento meticuloso de los cargos ocupados por ambos sexos dentro de la empresa. Es esencial que los datos sobre el número de hombres y mujeres en cada categoría profesional sean precisos, para respaldar un diagnóstico fiable. Además, se debe investigar si existen mecanismos visibles o invisibles que puedan limitar la capacidad de las mujeres para ascender a categorías superiores. También se debe examinar la promoción y movilidad dentro de la organización. Las barreras que impiden a las mujeres avanzar a niveles superiores pueden incluir tanto factores externos, como políticas de promoción poco transparentes, como internos, tales como la falta de apoyo de mentoría o *networking*.
- **Segregación horizontal y vertical:** la segregación horizontal se refiere a la concentración de mujeres y hombres en diferentes tipos de trabajos o sectores que no comparten el mismo tipo de valuación social o económica, mientras que la segregación vertical designa el fenómeno en que las mujeres se encuentran en los niveles más bajos en el mismo sector o tipo de trabajo en relación con sus pares hombres.
- **Políticas y estrategias igualitarias:** las organizaciones pueden considerar estrategias, como las políticas de contratación inclusivas, programas de desarrollo profesional específicamente diseñados para mujeres y la revisión regular de escalas salariales y beneficios. Estas iniciativas deben estar integradas en una política de igualdad de oportunidades que fomente una cultura organizacional comprometida con la diversidad y la inclusión.

  El liderazgo dentro de la organización juega un rol crucial en la efectiva aplicación de políticas de clasificación profesional igualitarias. Los y las líderes deben ser defensoras activas de la diversidad y han de asegurar que sus equipos de gestión estén equipados con las herramientas, capacitación y nivel de sensibilidad adecuados para identificar y abordar sesgos ocultos.
- **Interseccionalidad:** es importante comprender las dimensiones interseccionales cuando se trata de la clasificación profesional. No solo el género, sino también otros factores como la raza, la etnicidad, la edad y la discapacidad, deben considerarse al elaborar y evaluar planes de

igualdad. Esto implica un compromiso con la justicia social más allá de un simple cumplimiento de las normativas.

⊃ **Transparencia:** las empresas deben asegurar que las prácticas de clasificación profesional sean claras y accesibles para todos los empleados, y deben fomentar un diálogo abierto para buscar retroalimentación continua de todo el personal con respecto a las medidas implementadas.

2.2. Formación

La formación en igualdad es una herramienta crucial para la creación de entornos laborales inclusivos y equitativos. La formación no solo responde a una necesidad educativa, sino que también es un catalizador de cambio en la cultura organizacional. Promueve el desarrollo de competencias necesarias para garantizar un ambiente laboral libre de discriminación de género.

Es importante, en relación con la formación y capacitación, tener en cuenta los siguientes elementos:

⊃ **Debe estar dirigida a toda la empresa:** la formación en igualdad debe estar dirigida a todos los niveles de la empresa, desde la dirección hasta las y los operarios de base. Esto asegura una cohesión en la comprensión y aplicación de los principios de igualdad de género en la organización. La formación debe adaptarse a las características y necesidades de cada grupo, considerando el contexto y las funciones específicas de los participantes.

⊃ **Contenido actualizado:** el contenido debe incluir asuntos fundamentales, como la legislación vigente en materia de igualdad de género, los conceptos básicos sobre diversidad e inclusión, y la identificación y eliminación de barreras de género en el entorno laboral. También debe abordarse la sensibilización sobre el impacto del lenguaje no inclusivo y la importancia de una comunicación que respete la equidad de género. Además, es recomendable incluir módulos sobre la resolución de conflictos y el acoso laboral y sexual, entregando herramientas prácticas para prevenir y denunciar estos comportamientos.

⊃ **Continuidad de la formación:** la formación no debe ser un evento aislado, sino un proceso continuo. Las organizaciones deben implementar programas de formación periódicos y actualizados que reflejen las transformaciones sociales y normativas. Por ejemplo, un seminario de igualdad de género podría ofrecerse anualmente, complementado con sesiones de actualización bianuales que aborden nuevas leyes, tendencias y estudios sobre la cuestión.

⊃ **Proceso de evaluación:** se puede realizar a través de encuestas de satisfacción, evaluaciones de conocimiento pre y posformación, y el análisis de indicadores de igualdad en la empresa antes y después de las sesiones. Los resultados deben utilizarse para ajustar y mejorar los programas de formación, garantizando que se mantengan relevantes y efectivos.

⊃ **Implicación y compromiso de la dirección:** los y las líderes deben ser conscientes de su rol como modelos que seguir y promotoras del cambio cultural dentro de la empresa. Por ello, es recomendable que participen activamente en actividades formativas y que impulsen la integración de la perspectiva de género en la toma de decisiones estratégicas de la organización.

⊃ **Entorno de aprendizaje:** para que la formación sea efectiva, las empresas deben crear espacios seguros donde la plantilla se sienta cómoda para expresar sus opiniones y experiencias sin temor a represalias. Esto puede lograrse a través de metodologías participativas, como talleres interactivos, discusiones en grupo y ejercicios de *role-playing,* que no solo fomentan una comprensión más profunda, sino que también promueven la empatía y el entendimiento entre los participantes.

⊃ **Uso de las tecnologías:** las plataformas de aprendizaje en línea y los *webinars* ofrecen flexibilidad y accesibilidad. Permiten a los empleados acceder a recursos educativos de calidad en cualquier momento y lugar. Las empresas pueden aprovechar estas herramientas para expandir su alcance, superando barreras geográficas y logísticas.

⊃ **Programas de formación relevantes y específicos:** es crucial entender que la resistencia al cambio es un desafío común en la implementación de programas de formación en igualdad, especialmente en organizaciones con culturas tradicionales o jerárquicas. Para contrarrestar esto, los programas deben estar diseñados para ser atractivos y relevantes para toda la plantilla. Comunicar los beneficios tangibles de la igualdad, como el aumento en la productividad, la innovación y la satisfacción laboral, puede ser un motivador poderoso. Además, enfatizar las historias de éxito de igualdad dentro y fuera de la organización puede ayudar a inspirar y motivar a la plantilla a comprometerse con el cambio.

2.3. Promoción profesional

La promoción profesional es una de las piedras angulares en la implementación de planes de igualdad en el entorno laboral.

DEFINICIÓN

Promoción profesional

Avance de la plantilla dentro de la jerarquía laboral, generalmente acompañado de un aumento en la responsabilidad, el salario y el prestigio. En el contexto de la igualdad de género, se refiere a garantizar que tanto mujeres como hombres tengan las mismas oportunidades para ser promovidos, sin discriminación directa o indirecta. La discriminación indirecta ocurre cuando una práctica aparentemente neutral afecta de manera desproporcionada a un grupo en específico, en este caso usualmente a las mujeres.

Para implementar prácticas de promoción profesional que fomenten la igualdad de género, se deben considerar varias estrategias fundamentales:

- **Análisis exhaustivo de las oportunidades de promoción actuales:** las empresas deben llevar a cabo un análisis exhaustivo de las oportunidades de promoción actuales, evaluando si las prácticas de selección y ascenso son justas y equitativas. Esto significa identificar cualquier sesgo existente que pueda favorecer continuamente a un género sobre el otro. Por ejemplo, es esencial revisar los criterios de calificación y las evaluaciones de desempeño utilizadas para decisiones de promoción, asegurando que estos no estén sutilmente inclinados hacia atributos comúnmente asociados con uno u otro género.
- **Implementación de programas de mentoría y patrocinio:** estos programas alientan a las mujeres a buscar y obtener posiciones de liderazgo. La mentoría es vital para proporcionar dirección, desarrollar habilidades y aumentar la confianza de las mujeres en su capacidad para liderar. A través del patrocinio, las mujeres pueden ser visibilizadas y apoyadas en contextos estratégicos y en proyectos de alto perfil dentro de la organización.
- **Promoción de una cultura organizacional que valore la diversidad:** las personas líderes de la empresa deben realmente comprometerse y promover la importancia de la diversidad en el liderazgo corporativo. Es esencial que los procesos de promoción sean transparentes, con criterios de selección claros y procedimientos que permitan a todos los empleados entender cómo pueden avanzar profesionalmente. También puede ser beneficioso introducir políticas de cuotas donde sea aplicable, para asegurar que el talento femenino se considere para posiciones de alta responsabilidad.

- ⮑ **Enfoques de trabajo flexibles:** estos enfoques deben permitir tanto a hombres como a mujeres balancear las demandas laborales con las responsabilidades familiares, ya que el equilibrio trabajo-vida es a menudo uno de los mayores obstáculos para la promoción de mujeres en el lugar de trabajo. Ofrecer horarios de trabajo flexibles, opciones de teletrabajo y beneficios de cuidado infantil puede apoyar significativamente a las empleadas que deseen escalar en la profesión.
- ⮑ **Políticas de recursos humanos sólidas:** el establecimiento de políticas de recursos humanos sólidas que aborden la inequidad salarial vinculada a la jerarquía es también crucial. La disparidad salarial no solo es injusta, sino que también desalienta a las mujeres a aspirar a posiciones de mayor responsabilidad. Asegurarse de que haya igualdad en la remuneración por trabajo de igual valor es esencial para promover una cultura de igualdad.
- ⮑ **Monitoreo constante del progreso:** es importante medir y monitorear de manera constante el progreso hacia los objetivos de igualdad en la promoción. Establecer indicadores clave de rendimiento (KPI) relacionados con el avance profesional por género, y realizar evaluaciones periódicas para asegurarse de que las políticas establecidas no se queden cortas, constituye una práctica recomendada.

 PARA SABER MÁS

En el siguiente enlace se pueden consultar algunas pautas y estrategias para realizar promociones internas desde un enfoque de género. Accede desde aquí para verlo:

https://redirectoronline.com/ctri00050102

2.4. Condiciones de trabajo

Las condiciones de trabajo representan un aspecto crucial en la elaboración de planes de igualdad, ya que influyen directamente en la experiencia diaria de los trabajadores y trabajadoras dentro de una organización. Estas condiciones abarcan diversas dimensiones, tales como el entorno físico, el ambiente laboral, la seguridad e higiene, la carga de trabajo, los horarios y la flexibilidad laboral, entre otros temas relevantes. Examinar y mejorar las condiciones de trabajo con un enfoque integral y de igualdad permite a las organizaciones fomentar un ambiente laboral más equitativo y productivo.

Un análisis detallado de las condiciones de trabajo es esencial en la fase de diagnóstico de los planes de igualdad para identificar desigualdades o necesidades de mejora. Este análisis debe abordar tanto las condiciones generales que afectan a todo el personal como las particularidades que puedan presentarse en determinados grupos de trabajadores/as, en función de su rol, antigüedad, o sexo, entre otros factores. Algunas de estas condiciones son las siguientes:

⮕ **Entorno físico y ambiente laboral:** el entorno físico en el que se desarrolla el trabajo es una parte fundamental de las condiciones laborales. Este engloba aspectos tales como la ergonomía del espacio de trabajo, la calidad del aire, la iluminación, el ruido y la limpieza del área de trabajo. Un entorno físico adecuado no solo mejora la salud y el bienestar de los empleados, sino que también potencia su motivación y su productividad. En este sentido, es crucial evaluar las instalaciones para asegurar que todos los trabajadores, sea cual sea su género, dispongan de un entorno adecuado y seguro.
El ambiente laboral, por otro lado, se refiere a las relaciones interpersonales y el clima emocional que prevalece en el lugar de trabajo. Un ambiente de respeto, colaboración y apoyo mutuo es imprescindible para la satisfacción de los trabajadores y para la construcción de una cultura organizacional inclusiva. En esta área, la implementación de políticas contra el acoso laboral y sexual, así como la promoción de la diversidad y la inclusión, son medidas necesarias para combatir cualquier forma de discriminación y asegurar el bienestar emocional de todos los empleados.

⮕ **Seguridad e higiene laboral:** las empresas deben adherirse a todas las normativas locales e internacionales relacionadas con la salud y la seguridad en el trabajo, garantizando un ambiente que minimice los riesgos de accidentes laborales. Las evaluaciones de riesgos y los controles regulares son parte del proceso para identificar áreas de mejora y asegurar la implementación continua de medidas de seguridad.

Un **enfoque integral** también implica no solo considerar los riesgos físicos obvios, sino también prestar atención a los riesgos psicológicos, como el estrés laboral o el síndrome de desgaste profesional.

- **Carga de trabajo y horarios:** una distribución equitativa de las cargas laborales garantiza que ningún empleado se sienta sobrepasado ni infravalorado. Además, los horarios de trabajo deben diseñarse de forma que fomenten un equilibrio saludable entre la vida laboral y personal de cada trabajador. Esto implica considerar la implementación de jornadas laborales flexibles, la reducción de horas extra no remuneradas y el acceso a permisos por razones personales o familiares sin repercusiones adversas en la carrera profesional.

  Cada vez más, las empresas implementan políticas de teletrabajo o trabajo remoto que pueden ofrecer mayor flexibilidad y autonomía a los empleados. No obstante, estas nuevas modalidades laborales deben gestionarse cuidadosamente para asegurar que no perpetúan desigualdades existentes ni creen nuevas. Es fundamental tener en cuenta cómo estas políticas afectan a hombres y mujeres de manera diferente, y garantizar que quienes trabajan desde casa no terminen asumiendo cargas desproporcionadas de trabajo no remunerado dentro del hogar.

- **Remuneración justa y equitativa:** los planes de igualdad deben revisar las estructuras salariales para identificar brechas por género y promover prácticas salariales equitativas. La transparencia en las políticas de remuneración y la implementación de revisiones salariales periódicas son pasos cruciales en este proceso.

- **Motivación y desarrollo profesional:** los programas formativos, las oportunidades de movilidad interna y el acceso igualitario a recursos de desarrollo son instrumentos valiosos que benefician a toda la plantilla y fortalecen las organizaciones.

  En este sentido, los planes de igualdad deben garantizar que toda la plantilla pueda acceder a estas oportunidades sin discriminación ni sesgo. Además, fomentar un ambiente que valore y respete diferentes estilos de trabajo y aprendizaje contribuye a un entorno más inclusivo y que respete la diversidad de experiencias y conocimientos que cada individuo aporta.

 PARA SABER MÁS

Muy relacionado con un ambiente laboral adecuado, tendríamos las reuniones, que pueden influir de forma negativa o positiva en cómo nos relacionamos con el entorno. El Instituto de la Mujer ha publicado una guía sobre cómo realizar

Continúa en página siguiente >>

<< Viene de página anterior

reuniones desde una perspectiva de género, lo que contribuye a un ambiente laboral adecuado e inclusivo. Accede a la misma a través del siguiente enlace:

https://redirectoronline.com/ctri00050103

2.5. Ejercicio corresponsable de los derechos de la vida personal, familiar y laboral

La corresponsabilidad hace referencia a la repartición equitativa de las responsabilidades y los deberes en la vida diaria. Permite a todas las personas implicadas ejercer plenamente sus derechos. Esto no solo fomenta el crecimiento individual, sino que también fortalece el tejido social, contribuye al bienestar familiar y logra un equilibrio personal y profesional más adecuado.

Los derechos en la vida personal son el cimiento para el ejercicio de la corresponsabilidad. Asegurar el respeto a la individualidad y a las libertades personales es crucial. Cada individuo tiene el derecho de realizar sus elecciones de vida basadas en sus necesidades, intereses, capacidades y aspiraciones. Esto incluye el derecho al **desarrollo personal, al autocuidado** y **a la autogestión del tiempo personal.**

Además, la corresponsabilidad tiene distintas implicaciones, dependiendo del ámbito en el que nos encontremos:

➲ **Ámbito familiar:** la corresponsabilidad se traduce en el reparto equitativo de las tareas domésticas y de cuidado. La tradicional división de roles de género que refuerza la idea de que ciertas tareas son responsabilidad exclusiva de las mujeres debe ser reconsiderada y renegociada, para asegurar que todos los miembros de la familia compartan de manera justa y equitativa labores como el cuidado de los hijos, la atención de las personas mayores, las tareas del hogar y otras responsabilidades familiares. Este reparto equitativo no solo contribuye a la equidad de género, sino que también mejora la dinámica familiar, involucrando a todos los miembros y permitiéndoles gozar de un entorno saludable y libre de desigualdades.

- **Ámbito laboral:** garantizar la equidad y la corresponsabilidad implica el desarrollo de políticas que busquen el equilibrio entre la vida laboral y personal. Las empresas deben fomentar mecanismos que favorezcan la igualdad de oportunidades y que incluyan no solo políticas de conciliación, sino también de equidad salarial y de promoción profesional. Esto implica:

  - Eliminar estereotipos de género en el ámbito laboral.
  - Erradicar brechas salariales injustificadas.
  - Promover una representación equitativa en todos los niveles organizativos.

  Es fundamental también señalar el rol de las empresas y las instituciones en la implementación de medidas activas que faciliten a sus colaboradores compaginar sus responsabilidades laborales con las familiares y personales. La adopción de horarios flexibles, bancas de tiempo, permisos parentales extendidos y otras estrategias semejantes favorecen un entorno de trabajo corresponsable.

- **Ámbito educacional:** educar e introducir a las nuevas generaciones en la práctica de la corresponsabilidad desde sus primeros años fortalece de manera decisiva la normalización de dinámicas equitativas y el respeto mutuo. La sensibilización y la concienciación sobre la importancia de estos valores y su aplicación práctica contribuyen a que las nuevas generaciones interioricen un fuerte sentido de justicia y equidad en cada acción de sus vidas personales, familiares y laborales.

- **Ámbito legislativo:** es necesaria la intervención de los agentes estatales y la legislación como mecanismos de impulso hacia la corresponsabilidad efectiva. Aquí se pueden incluir enfoques desde procesos legislativos, creación de políticas públicas que incentiven la igualdad y adopciones de procedimientos que favorezcan la incorporación de una perspectiva de género en cada ámbito social y profesional. Priorizando la corresponsabilidad como derecho y deber, los sistemas legales conciencian sobre las amplias ventajas de un modelo social inclusivo, equitativo y corresponsable.

 **VÍDEO**

En el siguiente vídeo se incide en la corresponsabilidad y conciliación de la vida familiar, laboral y personal a través de casos reales. Accede desde aquí para verlo:

https://redirectoronline.com/ctri00050104

2.6. Infrarrepresentación femenina

La infrarrepresentación femenina hace referencia a la presencia insuficiente o deficiente de mujeres en ciertos ámbitos, roles o sectores de la sociedad, particularmente aquellos relacionados con el poder, la toma de decisiones y las áreas tradicionalmente dominadas por hombres. Este fenómeno es una manifestación inequívoca de las desigualdades estructurales de género y representa una barrera significativa para el ejercicio pleno de los derechos de las mujeres en ámbitos como el personal, familiar, laboral y político, conectando directamente con las discusiones previas sobre corresponsabilidad.

La infrarrepresentación femenina tiene sus orígenes en la división sexual del trabajo que ha confinado a las mujeres principalmente al ámbito privado, dejándoles escaso acceso al mundo público, donde se ejercen las decisiones que modelan la sociedad. El acceso limitado a la educación, la propiedad y el poder político han sido a lo largo de la historia barreras difíciles de superar.

Los sectores donde en la actualidad todavía hay más infrarrepresentación femenina son:

● **Mercado laboral:** a pesar del aumento de las tasas de participación de las mujeres en las últimas décadas, las cifras indican que la presencia femenina en posiciones de liderazgo y en sectores de alta remuneración como la tecnología y la ingeniería sigue siendo notablemente baja. La cultura corporativa, las políticas de tierra quemada y los sesgos inconscientes perpetúan un ciclo en el que se espera que las mujeres demuestren habilidades excepcionales para competir en igualdad de condiciones, lo que resulta en puertas que rara vez se abren para ellas.

Este fenómeno no solo es visible en la cantidad de mujeres que llegan a ocupar altas posiciones, sino también en la brecha salarial de género, que persiste como un recordatorio constante de que la igualdad formal no siempre se traduce en igualdad sustantiva. Un informe del Foro Económico Mundial en 2020 advirtió que a las mujeres les llevará más de 200 años cerrar completamente la brecha de género si se continúan las tendencias actuales. En muchos países, las mujeres son notoriamente subrepresentadas en órganos legislativos, gabinetes ministeriales y comités de dirección de las grandes corporaciones.

Para ejemplificar, la industria tecnológica es un claro reflejo de esta realidad. Preguntas sobre los estereotipos de "trabajo masculino" cómodamente establecidos revelan que solo el 23 % de las mujeres ocupan roles técnicos a nivel global en este sector. Los prejuicios culturales y el acceso desigual a la educación STEM (ciencia, tecnología, ingeniería y matemáticas) durante etapas formativas impiden no solo la entrada, sino la continuación y la promoción dentro de estos campos.

- ⮞ **Esfera política:** Las mujeres representan menos del 25 % de los parlamentarios a nivel global según la Unión Interparlamentaria, a pesar de que constituyen aproximadamente la mitad de la población. El fenómeno del "techo de cristal", junto con las responsabilidades familiares y la persistente discriminación de género, crea un ambiente hostil que desincentiva a muchas mujeres de asumir roles políticos.

Estas cifras no solo son preocupantes en términos de equidad, sino que también sostienen implicaciones económicas y sociales significativas. Los estudios señalan que la diversidad de género, especialmente en altos puestos de liderazgo, se correlaciona positivamente con el rendimiento organizacional, la creatividad y la capacidad de respuesta del sector privado y público. Ignorar la diversidad en la toma de decisiones reduce nuestras perspectivas colectivas y limita el rango de soluciones innovadoras a desafíos complejos del siglo XXI.

 **EJEMPLO**

La infrarrepresentación femenina, como se ha visto, se hace especialmente visible en la esfera política. Por ejemplo, en el Debate General de la Asamblea de Naciones Unidas de 2024, de 194 personas oradoras, solo 19 fueron mujeres.

Continúa en página siguiente >>

<< Viene de página anterior

Del mismo modo, en el ámbito empresarial, aunque la presencia de mujeres en consejos de administración europeos llegó casi al 30 % en 2020, sigue habiendo grandes diferencias entre países. Existen algunas naciones donde más de la mitad de las empresas no cuentan con mujeres en sus consejos. Por ejemplo, según un informe de 2023, en España el 63 % de las empresas no cuentan con mujeres en sus comités de dirección.

Para combatir la infrarrepresentación femenina, es crucial implementar planes de igualdad y políticas públicas que busquen tanto una mayor participación como un tratamiento equitativo en todas las áreas sociales. Por ello los planes de igualdad deben contemplar los aspectos siguientes:

Cuotas de género
- Es crucial implementar planes de igualdad y políticas públicas que busquen tanto una mayor participación como un tratamiento equitativo en todas las áreas sociales. Esto involucra, por ejemplo, el establecimiento de cuotas de género, formalizadas y aplicadas rigurosamente a nivel político y corporativo para corregir las desventajas de participación a las que se enfrentan las mujeres. También es necesario repensar y rediseñar los entornos laborales y las estructuras familiares para repartir equitativamente las responsabilidades de cuidado.

Empoderamiento femenino
- Las intervenciones de empoderamiento femenino deben acompañarse de cambios institucionales, políticas explícitas para el ascenso a posiciones de liderazgo, formación en antidiscriminación y el mejoramiento de la arquitectura legal global para abordar el acoso o la violencia de género en el trabajo. Además, se requiere una transformación cultural integral que detenga la perpetuación de estereotipos de género tradicionales desde una edad temprana, incentivando una educación no discriminatoria que permita desarrollar habilidades para todos, independientemente de su género.

Continúa en página siguiente >>

<< Viene de página anterior

Cultura corporativa inclusiva
- Una cultura corporativa inclusiva, la flexibilidad laboral, la promoción de liderazgos femeninos y la formación de redes de apoyo, donde las mujeres se alientan mutuamente, son prácticas poderosas para desafiar la composición tradicional de nuestras organizaciones. Las medidas afirmativas no deben interpretarse como simplemente una forma de "cumplir con las cifras", necesitan estar sintonizadas con una transición estructural que sea catalizada desde los pilares fundamentales hasta los detalles más granulares de los procesos jerárquicos.

2.7. Retribuciones (auditoría salarial)

En el ámbito de los planes de igualdad, uno de los pilares fundamentales es garantizar la equidad en las retribuciones dentro de una organización. La auditoría salarial se posiciona como una herramienta indispensable para identificar y corregir las posibles desigualdades salariales que puedan existir entre los géneros. Este ejercicio de transparencia es vital no solo para cumplir con las normativas legales, sino también para fomentar un entorno laboral más justo y equitativo.

La importancia de la auditoría salarial

La auditoría salarial es un proceso metódico que examina las estructuras retributivas y los sistemas de compensación para detectar discrepancias que pudieran indicar una discriminación salarial por razón de género. En un contexto donde la infrarrepresentación femenina en ciertos roles puede distorsionar la percepción sobre las competencias y los méritos, garantizar una evaluación objetiva de las retribuciones es crucial para combatir las disparidades históricas en las organizaciones. Al implementar una auditoría salarial, se logran varios objetivos clave:

1. **Detección de desigualdades salariales injustificadas:** es el primer paso hacia la identificación de brechas que pueden estar basadas en prejuicios o percepciones erróneas sobre las capacidades de las mujeres en el ámbito laboral.
2. **Transparencia y confianza:** una auditoría demuestra el compromiso de la empresa con la equidad, lo que a su vez puede reforzar la confianza de los empleados en los sistemas de compensación.

3. **Cumplimiento normativo:** en muchos países, la legislación laboral exige la igualdad salarial por trabajos de igual valor. La auditoría sirve para asegurar el cumplimiento de estas normativas.
4. **Mejora del entorno laboral:** al garantizar que las retribuciones se basan en criterios objetivos, se fomenta un clima de trabajo inclusivo y motivacional.

Proceso de la auditoría salarial

La auditoría salarial se lleva a cabo mediante un proceso estructurado que involucra varias etapas esenciales:

1. **Recolección de datos:** se reúnen todos los datos relacionados con las remuneraciones de los empleados, incluyendo sueldos base, bonos, incentivos y beneficios adicionales. Es importante clasificar la información por género, el nivel de puesto y el departamento para asegurar un análisis detallado.
2. **Análisis de datos:** utilizando herramientas estadísticas, se comparan los ingresos entre hombres y mujeres dentro del mismo rango de funciones. Este análisis permite determinar si existen discrepancias significativas que no puedan ser justificadas razonablemente por factores como la experiencia, la educación o el desempeño.
3. **Evaluación de resultados:** los resultados del análisis se presentan a la dirección de la empresa junto con recomendaciones para corregir cualquier desigualdad que haya sido identificada. Este paso implica una reflexión profunda sobre las políticas de compensación existentes y su posible revisión.
4. **Implementación de medidas correctivas:** si se detectan desigualdades injustificadas, se deben establecer medidas para corregirlas. Es fundamental que estas medidas sean transparentes y comunicadas a todos los empleados para preservar la confianza y el compromiso organizacional con la igualdad.
5. **Seguimiento y evaluación continua:** la auditoría salarial no debería ser un evento único, sino parte de un proceso continuo de evaluación y mejora. Se deben establecer revisiones periódicas para garantizar que las políticas implementadas siguen funcionando en pro de la equidad salarial.

Factores que considerar en la auditoría salarial

Al llevar a cabo una auditoría salarial, es esencial tener en cuenta ciertos factores que pueden influir en las retribuciones, asegurando así que las comparaciones sean justas y precisas:

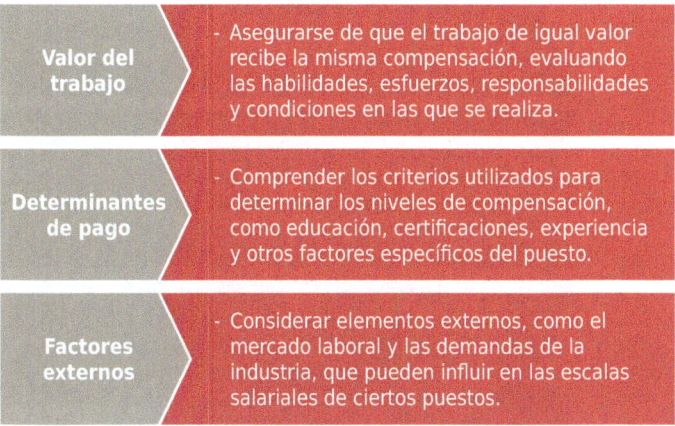

Valor del trabajo	- Asegurarse de que el trabajo de igual valor recibe la misma compensación, evaluando las habilidades, esfuerzos, responsabilidades y condiciones en las que se realiza.
Determinantes de pago	- Comprender los criterios utilizados para determinar los niveles de compensación, como educación, certificaciones, experiencia y otros factores específicos del puesto.
Factores externos	- Considerar elementos externos, como el mercado laboral y las demandas de la industria, que pueden influir en las escalas salariales de ciertos puestos.

Ejemplos prácticos

Un ejemplo práctico de auditoría salarial podría involucrar la revisión de los sueldos de las personas gerentes dentro de una empresa. Al analizar las compensaciones, se observa que las mujeres, a pesar de contar con la misma experiencia y desempeño, reciben un bono anual inferior a sus pares masculinos. Ante esta desigualdad, la empresa podría establecer un plan de acción que incluya ajustes salariales inmediatos para equiparar las remuneraciones y la implementación de un sistema de evaluación transparente que elimine posibles sesgos. Además, sería fundamental establecer un seguimiento periódico para garantizar la equidad salarial a largo plazo y prevenir futuras brechas.

Otro caso podría ser la auditoría de salarios en niveles de entrada, donde se encuentra que hay menos mujeres que hombres recibiendo incentivos por desempeño. La solución implicó la capacitación del personal encargado de las evaluaciones para eliminar sesgos inconscientes y garantizar que las revisiones de desempeño se centren únicamente en los logros efectivos de los empleados, asegurando una justa otorgación de incentivos.

Desafíos y retos

Implementar una auditoría salarial conlleva retos importantes:

Resistencia organizativa
- Algunas organizaciones pueden resistirse al cambio, especialmente si las desigualdades salariales están profundamente enraizadas en su cultura o en sus prácticas históricas de pago.

Complejidad de datos
- A veces, la complejidad y la cantidad de datos pueden ser abrumadoras, especialmente para organizaciones grandes con múltiples ubicaciones y sistemas de pago.

Interpretación subjetiva
- En algunos casos, determinar qué constituye igual valor puede ser subjetivo. Se requiere un equilibrio entre la estandarización y la flexibilidad para adaptarse a las particularidades de cada organización.

 PARA SABER MÁS

Puedes acceder través del siguiente enlace a un ejemplo de auditoría salarial en una empresa. En este caso es una fundación que ha publicado los resultados de su auditoría para mostrar transparencia y que tiene vigencia de 2023-2027.

https://redirectoronline.com/ctri00050105

2.8. Prevención del acoso

El acoso laboral es un fenómeno que puede manifestarse de diversas maneras en el entorno de trabajo. Tiene implicaciones significativas en el bienestar de la plantilla y en la cultura organizacional. En el contexto de los planes de igualdad, la prevención del acoso se posiciona como un componente esencial para asegurar un ambiente de trabajo seguro, inclusivo y respetuoso.

DEFINICIÓN

Acosar
Toda conducta que atenta contra la dignidad de una persona al crear un entorno hostil, intimidatorio o humillante. Puede adoptar múltiples formas, desde comentarios ofensivos y rumores hasta el aislamiento social y el abuso de poder. Este tipo de comportamientos, que pueden ser sistemáticos y continuados en el tiempo, afectan no solo a la persona que los sufre, sino también al clima laboral global, y repercute en la productividad y en la percepción externa de la organización.

Por esto es importante tener en cuenta los siguientes elementos:

- **Identificación del acoso laboral:** para prevenir eficazmente el acoso, el primer paso debe ser identificarlo. No todas las conductas molestas son acoso; el elemento diferencial viene dado por la intencionalidad y recurrencia de estas. Algunos ejemplos de acoso laboral son estos:

  - Acoso moral o *mobbing:* una persona o grupo de ellas ejerce violencia psicológica extrema, de forma sistemática y durante un periodo prolongado de tiempo, sobre otra persona en el lugar de trabajo para destruir las redes de comunicación de la víctima.
  - Acoso sexual: manifestado a través de insinuaciones, comentarios inapropiados o conductas que atentan contra la integridad sexual y moral de la persona.
  - Acoso discriminatorio: basado en la raza, género, orientación sexual, religión, discapacidad o cualquier otra condición que se perciba como diferente.

  Además de identificar estas situaciones, es importante entender el contexto en que se producen y los roles de las personas involucradas.

Usualmente, se observa en estructuras de poder desbalanceadas, en las cuales la víctima está en una posición de desigualdad frente al acosador.

- **Políticas de prevención del acoso:** el establecimiento de políticas claras y efectivas es un aspecto indispensable en la prevención del acoso. Estas políticas deben reflejar el compromiso de la organización con un entorno laboral libre de acoso y describir, entre otros, los siguientes aspectos:
  - **Declaración de principios:** en él ha de explicitarse la postura de tolerancia cero de la organización ante cualquier forma de acoso y fomentarse los valores de respeto y equidad.
  - **Definición y ejemplos de conducta inaceptable:** para que todos en la organización puedan identificar qué comportamientos son inapropiados y constituyen acoso.
  - **Mecanismo de denuncia y protección:** un procedimiento claro y accesible que incentive a las personas a reportar conductas de acoso sin miedo a represalias. Esto incluye la capacitación de un equipo especializado en la recepción y manejo de estas quejas de manera confidencial y profesional.
  - **Medidas disciplinarias:** se aplicarán en el caso de que se compruebe una conducta de acoso, las cuales deben ser proporcionadas y efectivas.
  - **Apoyo a la víctima:** se ha de contemplar el acompañamiento psicológico, legal y emocional necesario para restaurar el bienestar de la persona afectada.
- **Formación y sensibilización:** la formación es crucial en la prevención del acoso. Debe ser dirigida a todos los niveles jerárquicos de la organización para ser verdaderamente efectiva. Los programas de formación deben incluir:
  - **Sensibilización sobre el acoso:** entendimiento general sobre qué es el acoso, sus formas, señales de advertencia y efectos sobre las personas y la organización.
  - **Normas de conducta y ética laboral:** se ha de promover un comportamiento profesional y respetuoso entre todas las personas que integran la organización.
  - **Talleres de manejo de conflictos:** para capacitar a los empleados en técnicas de comunicación efectiva y resolución pacífica de disputas, disminuyendo así la probabilidad de incidentes de acoso.
- **Rol de la dirección y de las personas supervisoras:** el liderazgo tiene un papel fundamental en el fomento de un entorno laboral seguro. Las personas directivas y supervisoras deben:

- Modelar comportamientos positivos, actuar con integridad y respeto en todas sus interacciones laborales.
- Establecer canales de comunicación abiertos que permitan a los trabajadores sentirse escuchados y seguros para denunciar conductas de acoso.
- Asignar recursos suficientes, tanto humanos como económicos, para el correcto funcionamiento de los programas de prevención y atención del acoso.
- Evaluar periódicamente el ambiente de trabajo, mediante subanálisis que detecten áreas de mejora en el manejo del acoso. También hay que asegurar que las políticas implementadas sean efectivas.

○ **Evaluación y seguimiento:** la vigilancia continua del clima laboral y la evaluación de las medidas adoptadas son esenciales para un enfoque proactivo en la prevención del acoso. Esto puede lograrse a través de:

- Encuestas de clima laboral periódicas, para identificar áreas problemáticas y garantizar que las voces de todas las personas en la organización se escuchen.
- Auditorías de cumplimiento, en las que se revisen los procedimientos y se ajusten si es necesario.
- *Feedback* de las partes interesadas, que consiste en involucrar a empleados/as y empleadores en la revisión de las políticas para incorporar perspectivas diversas y mejores prácticas.

 **VÍDEO**

En el siguiente vídeo se pueden ver cuatro casos reales de acoso sexual y acoso por razón de sexo en el ámbito laboral. Accede desde aquí para verlo:

https://redirectoronline.com/ctri00050106

 **TAREA 1**

Marta trabaja como administrativa en Conexia Global S. L. Durante el último año su jefe directo se ha comportado con ella recurrentemente de manera inadecuada: constantemente critica su trabajo de manera despectiva frente a las compañeras y compañeros, a pesar de que ella cumple con sus objetivos; además, le asigna tareas adicionales de último momento sin previo aviso y utiliza comentarios personales para menospreciarla, del tipo "si fueras más lista estas cosas no pasarían". Marta ha intentado hablar con su jefe al respecto, pero su respuesta ha sido: "Deberías aprender a manejar mejor la presión si quieres avanzar en esta empresa". Esta situación le está generando un alto nivel de estrés y ansiedad. ¿Qué le está sucediendo a Marta? ¿Qué medidas podrían tomarse en la empresa para prevenir estas situaciones? Propón al menos dos medidas.

3. Identificación de los aspectos adicionales

 HILO CONDUCTOR

En Conexia Global, S. L., comprometidos con la implementación de un plan de igualdad sólido y efectivo, han profundizado en la identificación de aspectos adicionales para complementar las medidas tradicionales. Para ello, han analizado la cultura organizativa para detectar sesgos estructurales y han creado protocolos contra las violencias machistas y un protocolo LGTBI. Además, han integrado la perspectiva de género en la prevención de riesgos laborales, incluyendo el riesgo de sufrir violencia sexual. Con estas acciones no solo buscan cumplir con la normativa, sino transformar su entorno laboral en un espacio inclusivo y equitativo.

Dentro del proceso de elaboración y análisis de planes de igualdad, una tarea crucial que afianza la calidad y efectividad de estas iniciativas es la **identificación de los aspectos adicionales.** Estos aspectos, aunque pueden parecer complementarios, tienen el potencial de influir en la planificación estratégica y operativa del plan, al aportar una comprensión más profunda y detallada de las múltiples dimensiones que inciden en el logro de la igualdad.

Hay un gran número de factores, que en ocasiones son menos evidentes, por igualmente significativos:

⮱ **Macroentorno y microentorno organizativo:** el contexto en el que opera una organización, tanto a nivel macro (entorno económico, político, social y cultural) como micro (clientes, proveedores, competidores y trabajadores) puede utilizarse como una lente para detectar aspectos adicionales relevantes. Por ejemplo, una empresa ubicada en una región con un marco legislativo progresivo en términos de igualdad de género podría encontrar valiosas oportunidades para colaborar con gobiernos locales o asociaciones civiles en la promoción de prácticas inclusivas. Del mismo modo, los cambios demográficos en la fuerza laboral, como una mayor participación de mujeres mayores o trabajadoras extranjeras, pueden sugerir la necesidad de adaptar las políticas internas para asegurar que sean inclusivas y sensibles a estas diversidades.

⮱ **Percepción y comunicación interna:** la percepción que tienen los empleados sobre las políticas de igualdad dentro de la organización es un área que merece atención especial. Para algunos empleados, las comunicaciones corporativas sobre igualdad pueden parecer un ejercicio de cumplimiento en lugar de un compromiso genuino. Así, es vital identificar si hay brechas en la comunicación interna que podrían estar obstaculizando el entendimiento, la aceptación y el propósito de esas políticas. Algunas herramientas de retroalimentación, como encuestas anónimas o sesiones de debate grupal, pueden ofrecer información valiosa sobre cómo se perciben estas iniciativas y qué áreas podrían ser exageradas, subestimadas o necesitan reajustes en su enfoque.

⮱ **Diversidad generacional:** la diversidad generacional es un factor clave que considerar en la construcción de los planes de igualdad. Cada generación aporta experiencias, expectativas y valores únicos que influyen en la forma en que perciben y contribuyen al entorno laboral. Comprender estas diferencias permite diseñar estrategias inclusivas que valoren las distintas perspectivas y promuevan una cultura organizacional cohesionada. Fomentar espacios de diálogo y colaboración entre las generaciones puede enriquecer el ambiente laboral y garantizar que todos se sientan representados y valorados en los procesos de la organización.

⮱ **Interseccionalidad:** la interseccionalidad es reconocer que las personas pueden pertenecer a múltiples grupos desfavorecidos simultáneamente, y que estas identidades cruzadas contribuyen a la experiencia de la discriminación y privilegio de manera única. Así, las organizaciones deben investir esfuerzos para entender cómo las diferencias de género se intersectan con otros aspectos como la raza, la orientación sexual, la discapacidad y la religión dentro de sus espacios de trabajo. El análisis de datos recopilados a través de entrevistas o auditorías de diversidad puede sacar a la luz tendencias de exclusión o segmentos de la fuerza laboral que pueden sentirse subrepresentados.

⮊ **Flexibilidad y conciliación familiar:** el equilibrio entre la vida laboral y personal es un aspecto crucial y a menudo se refleja en las demandas de flexibilidad laboral por parte de los empleados. Un examen cuidadoso de las políticas de flexibilidad, como el trabajo a tiempo parcial, el teletrabajo y las licencias extendidas, revelará hasta qué punto la organización está dispuesta a apoyar realmente a los empleados en su deseo de equilibrar las responsabilidades profesionales y personales. Al identificar las limitaciones actuales, las organizaciones pueden ajustar sus políticas para ofrecer soluciones a estas demandas de manera equitativa y efectiva.

⮊ **Impacto tecnológico:** en la era digital, la inclusión tecnológica se ha convertido en un criterio crucial que debe considerarse en los planes de igualdad. La creciente adopción de herramientas digitales y plataformas de comunicación puede alterar la dinámica de trabajo y cambiar las capacidades que se valoran dentro de una organización. Es importante identificar quiénes son los más beneficiados y los más desventajados por estos avances tecnológicos. Ofrecer capacitaciones y recursos sostenibles puede ayudar a cerrar cualquier brecha existente en el acceso o la habilidad para aprovechar estas tecnologías, asegurando que todos los miembros del equipo puedan participar plenamente.

⮊ **Cultura organizacional:** la cultura organizacional subyacente también juega un papel determinante en la forma en la que son vistos y aceptados los esfuerzos de igualdad. Las organizaciones deben estar dispuestas a desafiar y modificar sus valores, creencias y prácticas si se detecta que podrían estar contribuyendo al arraigo de la desigualdad. Las evaluaciones culturales y los análisis de clima por medio de la observación y discusión pueden ayudar a diagnosticar áreas problemáticas inadvertidas que afectan las cuestiones de igualdad.

⮊ **Entornos físicamente inclusivos:** la identificación de otro aspecto adicional puede encontrarse en el diseño del espacio de trabajo. Los espacios no solo moldean las interacciones, sino que también pueden comunicar valores y prioridades. Evaluar si las instalaciones y los entornos laborales son físicamente accesibles y están diseñados pensando en todos los empleados, incluidas las personas con discapacidad, es fundamental. La revisión de accesos, sanitarios adaptados y espacios comunes son consideraciones que determinan hasta qué punto el espacio apoya la igualdad.

⮊ **Regulación y cumplimiento normativo:** es necesario identificar constantemente nuevas regulaciones y prácticas emergentes que puedan requerir ajustes en los planes existentes. El rastreo proactivo de las mejores prácticas internacionales y nuevas leyes puede mantener a las organizaciones a la vanguardia de la igualdad de género.

3.1. Cultura y gestión organizativa

La cultura y gestión organizativa juegan un papel fundamental en el diagnóstico de los planes de igualdad, ya que determinan en gran medida la implementación efectiva de estos planes dentro de una organización.

Para promover una cultura y gestión organizativa inclusiva de debe tener en cuenta los siguientes factores:

⮑ **Comprensión de la cultura organizativa**: la cultura organizativa se refiere a un conjunto compartido de valores, creencias, normas y prácticas que caracterizan a una organización. Esta cultura puede influir de manera significativa en cómo se perciben y se promueven los planes de igualdad. Al abordar la cultura organizativa, uno debe considerar estos elementos:

　　◑ **Valores y creencias:** los valores y creencias compartidos dentro de una organización influyen en la aceptación y el compromiso con los planes de igualdad. Las organizaciones que priorizan la equidad, la inclusión y el respeto tienden a adoptar más fácilmente medidas que favorecen la igualdad de género.

　　◑ **Normas y prácticas:** las normas sociales y las prácticas cotidianas pueden apoyar o socavar los esfuerzos del plan de igualdad. Por ejemplo, las prácticas de contratación basadas en referencias personales pueden disuadir la diversidad si no se gestionan cuidadosamente.

　　◑ **Narrativas y lenguaje:** el lenguaje y las historias que se cuentan dentro de una organización reflejan su cultura y afectan a cómo se reciben nuevas políticas. Un discurso inclusivo y renovado puede ser crucial para el éxito de un plan de igualdad.

⮑ **Gestión organizativa y su influencia:** la gestión organizativa define cómo una organización controla y dirige sus operaciones diarias. En términos de igualdad, una gestión eficaz puede facilitar la implementación de políticas, al integrar prácticas equitativas en los procesos de toma de decisiones, comunicación y supervisión. La implementación efectiva de planes de igualdad requiere un enfoque integral en la gestión organizacional. Los pilares fundamentales que impulsan el cambio hacia una cultura más equitativa serían:

　　◑ **Liderazgo:** un liderazgo comprometido con la igualdad de género establece el tono para el resto de la organización. Son líderes que modelan comportamientos inclusivos y promueven activamente la equidad.

- **Estructura organizativa:** las estructuras jerárquicas pueden influir en la distribución del poder y la comunicación, y afectar potencialmente a las oportunidades de progreso igualitario. Las estructuras menos jerárquicas pueden fomentar una mayor equidad, al facilitar el flujo de información y la participación de diversos grupos.
- **Gestión del cambio:** implementar un plan de igualdad a menudo requiere cambios significativos en los procedimientos y actitudes actuales. Un enfoque estructurado para la gestión del cambio, que incluya capacitaciones, comunicación abierta y recogida de retroalimentaciones, es esencial para superar las resistencias.
- **Recursos y herramientas:** la disponibilidad de recursos y herramientas de apoyo es vital. Proveer de formas para reportar y resolver conflictos, ofrecer formación en sensibilización de género y financiar iniciativas de equidad son iniciativas de gestión que pueden impulsar el éxito de los planes de igualdad.

- **Integración de los planes de igualdad:** Para integrar eficazmente un plan de igualdad en la cultura y gestión organizativa es imperativo llevar a cabo un diagnóstico exhaustivo de la cultura existente y los mecanismos de gestión. Algunas estrategias clave incluyen:

  - **Evaluación cultural profunda:** realizar auditorías culturales puede ayudar a identificar áreas específicas de fortaleza y debilidad en términos de igualdad de género, permitiendo planificar estratégicamente la introducción y ajustes de políticas.
  - **Capacitación continua:** desarrollar programas de formación que aborden prejuicios inconscientes y fomenten prácticas inclusivas, sensibilizando a todos los niveles de una organización sobre la importancia y los beneficios de la igualdad de género.
  - **Revisión de procedimientos:** analizar y revisar políticas, desde reclutamiento hasta promociones y evaluaciones de rendimiento, para garantizar que no haya barreras implícitas para la igualdad de género.
  - **Comunicación transparente:** establecer mecanismos de comunicación continua sobre el progreso, los beneficios y los ajustes necesarios de los planes de igualdad. Un diálogo abierto y bidireccional facilita un ambiente en el que la igualdad se convierta en una meta común.

Ejemplos de buenas prácticas

Las buenas prácticas en igualdad de género y diversidad demuestran cómo las empresas pueden adoptar medidas efectivas para transformar su cultura laboral. A continuación, se presentan ejemplos concretos de iniciativas implementadas con éxito, que han promovido el equilibrio de género, la inclusión y el desarrollo equitativo dentro de distintas empresas:

Caso de la compañía Conexia Global S. L.	**Implementación de un comité de diversidad**
- En la compañía Conexia Global S. L. se realizó un mapeo cultural para identificar y modificar prácticas laborales que influían en el desequilibrio de género en posiciones de liderazgo. Con capacitación directa a la dirección, se logró un cambio notable en las políticas de promoción interna.	- Dentro de una firma de consultoría, la creación de un comité encargado de monitorear y reportar avances en planes de igualdad y fomentar la cultura inclusiva abrió espacios para el diálogo efectivo y la colaboración en cuestiones de diversidad.

Programa de mentoría inclusiva

- Una multinacional tecnológica implementó un programa piloto de mentoría diseñado para mujeres y grupos subrepresentados, resultando en una significativa mejora de la retención y satisfacción laboral en estos colectivos.

3.2. Violencias machistas: protocolo

En la búsqueda de un entorno laboral seguro y equitativo, la implementación de un protocolo de actuación frente a las violencias machistas es un paso decisivo y urgente. Establecer un protocolo supone no solo demostrar un compromiso con la igualdad y el respeto, sino también proporcionar un marco claro y estructurado para abordar, gestionar y prevenir situaciones de violencia machista en el ámbito laboral. Para su correcta elaboración y aplicación, es fundamental partir de un diagnóstico detallado y contextualizado.

Es importante, para comprender las violencias machistas y, por lo tanto, crear un entorno laboral seguro, tener en cuenta:

- ⮑ **Comprensión y contexto de las violencias machistas:** para diseñar un protocolo efectivo es crucial entender de qué hablamos cuando nos referimos a las violencias machistas. Estas manifestaciones de violencia se derivan de una estructura social patriarcal que genera desigualdades de poder entre géneros. Abarcan desde los micromachismos –actitudes y comportamientos sutiles que refuerzan la desigualdad– hasta manifestaciones más visibles y severas como el hostigamiento o el acoso sexual. En el ámbito laboral, se manifiestan a través de conductas que crean un ambiente hostil, que afectan al bienestar emocional y profesional de las personas, con un impacto desproporcionado en las mujeres.

- ⮑ **Elementos clave de un protocolo:** un protocolo efectivo contra las violencias machistas es una herramienta esencial para garantizar un entorno laboral seguro. Su diseño e implementación deben basarse en principios claros y estructurados, que permitan prevenir, atender y erradicar estas conductas. A continuación, se describen los elementos clave que deben incluirse en un protocolo para asegurar su eficacia y sostenibilidad en el tiempo:

  - ◑ **Compromiso institucional y participación de la dirección:** el primer paso para la implementación de un protocolo efectivo es asegurar un compromiso firme por parte de la alta dirección. Esto implica reconocer la existencia de las violencias machistas y comprometerse públicamente a erradicarlas. Este compromiso debe estar reflejado en todas las políticas y prácticas de la organización y ser comunicado a todos los niveles, promoviendo una cultura de cero tolerancia.

  - ◑ **Definición de términos y alcance:** el protocolo debe comenzar con una clara definición de las diferentes formas de violencia machista que busca prevenir y actuar contra ellas, así como el alcance en términos de a quién y qué afecta dentro de la organización. Las definiciones deben ser claras y estar en concordancia con las legislaciones vigentes y normas internacionales de derechos humanos, asegurando que cualquier persona perteneciente a la organización pueda reconocer una conducta inapropiada o violenta.

  - ◑ **Mecanismos de prevención:** un protocolo debe incluir acciones preventivas tangibles, como talleres de sensibilización y capacitación periódica para todo el personal sobre igualdad de género, respeto y equidad en el entorno laboral. La formación debe integrar aspectos específicos sobre el reconocimiento y la gestión de situaciones de violencia, y adaptarse a los distintos niveles de responsabilidad dentro de la organización.

  - ◑ **Canales de denuncia y apoyo:** es imperativo establecer canales accesibles, confidenciales y seguros para la denuncia de casos de violencia machista. Estos canales deben garantizar la protección de la identidad del denunciante y ofrecer apoyo legal, psicológico y emocional. Los encargados de estos canales deben ser personas formadas específicamente en la gestión de conflictos relacionados con violencia de género y contar con una sensibilidad especial para tratar estos temas de manera justa y empática.

◑ **Procedimiento de actuación:** el protocolo debe detallar un procedimiento claro, equitativo y rápido para la gestión de denuncias, y garantizar que cada caso sea atendido diligentemente con los mismos estándares sin importar quién sea el denunciante o el denunciado. Se debe establecer cada paso desde la recepción de una queja hasta la resolución del caso, incluyendo tiempos estimados para cada fase, métodos de investigación, posibles sanciones y alternativas de mediación.

◑ **Medidas de protección:** es esencial que el protocolo contemple medidas específicas de protección para las víctimas durante y después del proceso de denuncia. Estas medidas deben ser adaptadas a las necesidades de cada caso, incluir el traslado temporal o definitivo de las víctimas, y la posibilidad de cambios en las condiciones de trabajo para garantizar su seguridad y bienestar.

◑ **Monitoreo y evaluación:** al igual que cualquier otra política corporativa, el protocolo debe ser revisado y evaluado periódicamente para asegurar su efectividad y adecuación a nuevas realidades y desarrollos legales. El *feedback* constante de los empleados, participantes en los procesos de denuncia y de las áreas encargadas es fundamental para mejorar y adaptar el protocolo.

◑ **Impacto del protocolo en la organización:** la implementación de un protocolo de actuación frente a las violencias machistas no solo responde a una necesidad ética y legal, sino que tiene un impacto profundo en la dinámica organizacional. Al promover un ambiente de respeto y seguridad, se incrementa la satisfacción laboral y el compromiso de los empleados, se reducen los conflictos y se mejora la productividad. Las organizaciones que toman medidas claras en contra de la violencia machista también fortalecen su reputación externa, atrayendo talento diverso y comprometido con la igualdad de género.

◑ **Desafíos y consideraciones:** implementar un protocolo efectivo también supone enfrentarse a varios desafíos. Uno de los más comunes es la resistencia interna al cambio, especialmente en organizaciones con una cultura laboral tradicional arraigada. Superar esto requiere de una comunicación continua y transparente y de una firme postura por parte de la alta dirección. Además, asegurar la confidencialidad y el trato justo tanto para denunciante como denunciado es clave para mantener la integridad del proceso y la confianza en el sistema.

 **PARA SABER MÁS**

En el siguiente enlace se puede ver el protocolo para la protección de las víctimas de violencia de género en los centros de trabajo, creado por UGT:

https://redirectoronline.com/ctri00050107

Implementar protocolos claros contra las violencias machistas es clave para garantizar un entorno laboral seguro y respetuoso, abordando situaciones como las que reflejan la desigualdad de poder y el impacto emocional en las víctimas.

3.3. Comunicación, lenguaje e imágenes no sexistas

La igualdad de género es un principio esencial en la búsqueda de sociedades más justas y equitativas. La manera en que nos comunicamos juega un papel central en esta tarea. La comunicación, el lenguaje y las imágenes son herramientas poderosas que no solo reflejan la realidad social, sino que también la configuran. Por ello, es fundamental abordar y deconstruir aquellos patrones que perpetúan estereotipos y discriminaciones de género para promover un discurso más igualitario e inclusivo.

A continuación, exploraremos cómo adoptar enfoques inclusivos puede transformar la comunicación hacia la igualdad:

- **El impacto del lenguaje: más allá de las palabras:** el lenguaje es uno de los principales vehículos a través de los cuales se establecen y perpetúan roles y estereotipos de género. Desde una perspectiva no sexista, es crucial analizar cómo el uso del lenguaje puede reforzar las desigualdades. Una forma común de sesgo es la masculinidad genérica, cuando el masculino se usa como forma universal para referirse a grupos mixtos o no especificados. Este uso invisibiliza a las mujeres y a cualquier identidad de género no masculina, perpetuando una percepción del varón como referencia central de la humanidad.

  Por ejemplo, en un informe laboral donde se refiere a los "trabajadores" para hablar de la plantilla completa, se invisibilizan las contribuciones y presencia de las trabajadoras. Es preciso, entonces, incorporar la utilización de un lenguaje más inclusivo, optando por alternativas como "las personas trabajadoras", o, en su defecto, emplear ambos géneros: "trabajadoras y trabajadores".

  Otro aspecto clave es la denominación de profesiones y cargos. Persisten resistencias en aceptar formas femeninas para ciertos títulos, como "ingeniera", "concejala" o "jueza", lo que refleja una asociación inconsciente de prestigio y capacidad con lo masculino. Utilizar las formas femeninas adecuadas visibiliza la participación de las mujeres en esos campos y ayuda a normalizar su presencia.

- **Herramientas y estrategias para un lenguaje inclusivo:** adoptar un enfoque de lenguaje no sexista implica una serie de cambios que pueden implementarse a nivel individual, institucional y social. Algunas estrategias incluyen:

  - **Uso de sustantivos neutros:** siempre que sea posible, utilizar palabras que no tengan género para referirse a grupos mixtos. Por ejemplo, usar "la población" o "la ciudadanía" en lugar de "los ciudadanos".
  - **Visibilización de ambos sexos:** incluir explícitamente tanto a mujeres como a hombres en el lenguaje, utilizando formas dobles o inclusivas cuando sea pertinente; por ejemplo, "estudiantes y profesorado" en lugar de "profesores", cuando refiere a todo el cuerpo estudiantil y magisterial.
  - **Reformulación de expresiones:** cambiar frases hechas que impliquen una connotación sexista. Un ejemplo es reemplazar "el hombre es lobo para el hombre" por "el ser humano es lobo para el ser humano".

↻ **Uso del lenguaje alternativo:** optar por los compuestos que incluyan a todas las personas, tal como ocurre en "la niñez" en lugar de "los niños", abarcando así a todos los menores de diferentes géneros.

⮎ **La comunicación visual: desmitificando estereotipos a través de imágenes:** el lenguaje no es el único vehículo de comunicación con el que debemos tener cuidado. Las imágenes tienen un poderoso impacto en la forma en que se perciben y entienden los roles de género. La comunicación visual que perpetúa estereotipos sexistas contribuye a una comprensión distorsionada del papel de mujeres y hombres en la sociedad. Las representaciones visuales suelen caer en clichés: mujeres en roles pasivos o centradas en el ámbito doméstico, mientras que los hombres son a menudo retratados en situaciones de poder o acción. Estas representaciones limitan la percepción de las capacidades y posibilidades de ambos géneros. Un enfoque no sexista en imágenes implica una representación que refleje la diversidad de roles que tanto mujeres como hombres ejercen en la vida diaria. Esto incluye mostrar a mujeres en profesiones técnicas y de liderazgo, así como hombres en roles de cuidado. Además, es importante integrar imágenes que reflejen la diversidad del espectro de género, visibilizando también a personas no binarias y otros colectivos.

⮎ **La importancia de las imágenes inclusivas en medios de comunicación y publicidad:** en los medios de comunicación y publicidad, la elección de cómo representar a las personas tiene implicaciones significativas en la socialización de género. Las campañas publicitarias, en particular, tienen el potencial de ser tanto perjudiciales como beneficiosas según el mensaje que transmiten. Una publicidad inclusiva y consciente del género evita la perpetuación de estereotipos y contribuye a la construcción de una sociedad más equitativa.

Un ejemplo positivo es el reconocimiento y la representación equilibrada de ambos géneros en roles distintos. Las marcas de ropa que muestran a hombres y mujeres de distintas complexiones, razas y edades, tanto en contextos profesionales como familiares, están ayudando a crear y reforzar sistemas de valores que validan diversas formas de identidad y expresión de género.

⮎ **Comunicación institucional e igualdad de género:** la comunicación institucional también tiene la responsabilidad de adoptar un enfoque no sexista. Tanto en las comunicaciones internas como externas, las instituciones tienen la oportunidad de liderar con el ejemplo, promoviendo una cultura de respeto e igualdad.

Esto puede llevarse a cabo mediante políticas de comunicación claras que guíen el lenguaje y las imágenes utilizadas. La formación del personal es esencial para que todos los niveles de organización comprendan la importancia del uso inclusivo del lenguaje y las estrategias para lograrlo.

Por ejemplo, en comunicados de prensa, webs corporativas o redes sociales, utilizar imágenes que incluyan diversidad de género y prácticas de lenguaje no sexista ayuda a definir cómo la propia organización valora y practica la igualdad de género.

⮞ **El reto de la implementación: rompiendo barreras y superando resistencia:** aunque la adopción de un lenguaje e imágenes no sexistas es un camino hacia sociedades más igualitarias, su implementación no está exenta de desafíos. La resistencia al cambio es común y puede basarse en percepciones sobre la neutralidad del lenguaje, el miedo al sobrecargado textual o la falta de conciencia sobre las implicaciones del lenguaje sexista. Superar estas barreras requiere no solo formación y sensibilización, sino un compromiso institucional y social para cambiar las normas establecidas. El cambio de actitudes hacia la inclusión de género debe ser un proceso continuo y sostenido, que involucre a todos los sectores de la sociedad.

 PARA SABER MÁS

El Servicio de Asesoramiento para Planes y Medidas de Igualdad en las Empresas del Ministerio de Igualdad publicó una guía para realizar una comunicación inclusiva en las empresas. También publicó una guía para la elaboración de un plan de comunicación de actuaciones en materia de igualdad. Puedes acceder a amabas guías desde aquí:

Kit de para la implantación de medidas n. º 3	Kit de para la implantación de medidas n. º 4

https://redirectoronline.com/ctri00050108	*https://redirectoronline.com/ctri00050109*

✎ ACTIVIDAD COMPLEMENTARIA

1. Busca ejemplos de publicidad, campañas institucionales o noticias sexistas que promuevan los roles y estereotipos de género. Selecciona un ejemplo e indica cómo perpetúa los estereotipos de género y qué elementos podrían mejorarse para que el mensaje fuese más inclusivo.

3.4. Salud laboral: prevención de riesgos con perspectiva de género

La salud laboral es un ámbito crucial en la gestión de recursos humanos y la implementación de políticas de igualdad dentro de las organizaciones. La salud no es únicamente la ausencia de enfermedad, sino un completo estado de bienestar físico, mental y social. En este sentido, la prevención de riesgos laborales adquiere una dimensión fundamental, al integrar una perspectiva de género, reconociendo que los desafíos a los que se enfrentan hombres y mujeres en el entorno laboral pueden ser diferentes, derivados de sus roles, situaciones y condiciones.

En la actualidad, la salud laboral con perspectiva de género continúa presentando numerosos desafíos, que requieren atención complicada y un esfuerzo colectivo. La resistencia al cambio y la invisibilización de los problemas de género en la esfera laboral a menudo ralentizan el progreso y mantienen prácticas y estructuras laborales desiguales. Sin embargo, la capacidad de reconocer y abordar estos problemas es una muestra tanto de responsabilidad social como de inteligencia organizacional.

A continuación, analizaremos cómo incorporar la perspectiva de género en la evaluación y prevención de riesgos laborales:

⮕ **Diferencias de género en el ámbito laboral:** el ámbito laboral está lejos de ser homogéneo. La inclusión de una perspectiva de género es vital para identificar y prevenir los riesgos que afectan diferenciadamente a la plantilla. Hombres y mujeres no solo presentan diferencias biológicas, sino que también se enfrentan a desigualdades sociales y económicas que influyen en su salud y seguridad en el trabajo. Las mujeres, a menudo, sufren de sobrecarga de trabajo al combinar sus responsabilidades laborales con las domésticas, lo que incrementa el estrés y los factores de riesgo asociados.
Por ejemplo, los roles tradicionales de género pueden llevar a que las mujeres sean más propensas a realizar trabajos de cuidado o administrativos

que, aunque aparentemente menos peligrosos, presentan riesgos para la salud relacionados con comportamientos repetitivos y posturas inadecuadas. Las trabajadoras también pueden estar más expuestas a formas de acoso laboral o discriminación debido a nociones culturales y sociales profundamente arraigadas.

- **Identificación de riesgos con perspectiva de género**: es esencial disponer de herramientas y criterios que permitan identificar y evaluar los riesgos laborales considerando las especificidades de género. Este enfoque permite hacer visibles los riesgos que podrían pasar desapercibidos, pero que afectan directamente a los empleados en función de su género. Un ejemplo sería la evaluación de las cargas emocionales en profesiones altamente feminizadas, como el sector sanitario o educativo. La correcta identificación, pues, de estas variables implica involucrar a los propios trabajadores y trabajadoras en la evaluación de riesgos y en la toma de decisiones relativas a su prevención. Además, promover una cultura organizacional inclusiva significa no solo actuar sobre las situaciones de riesgo detectadas, sino también establecer canales efectivos de comunicación que permitan la participación activa de todos los miembros de la organización.
- **Medidas preventivas con enfoque de género:** para desarrollar políticas de prevención con perspectiva de género, las organizaciones deben ir más allá de las medidas tradicionales de seguridad en el trabajo. Deberían, por consiguiente, adoptar un enfoque integral que contemple tanto la dimensión técnica como la organizativa y las condiciones psicosociales. Dichas medidas son las siguientes:

  - **Evaluación del puesto de trabajo:** las evaluaciones de riesgos deben desagregar datos por género para precisar las exposiciones diferentes y las condiciones específicas a las que se enfrentan hombres y mujeres. Esta información es esencial para implementar medidas adaptadas a las necesidades de cada grupo.
  - **Formación y sensibilización:** se deben diseñar programas de formación dirigidos a trabajadores y empleadores que aborden igualdad de género en salud laboral. Incluyen sensibilización sobre microagresiones, acoso sexual y el impacto de los conflictos trabajo-familia.
  - **Promoción de la salud:** adoptar políticas que fomenten el equilibrio trabajo-familia, ofreciendo flexibilidad horaria y mejorando la disponibilidad de permisos parentales. Estas medidas contribuyen a reducir el estrés y el riesgo psicosocial, lo cual beneficia tanto a mujeres como a hombres.
  - **Espacios inclusivos:** implementar cambios en los espacios laborales para hacerlos accesibles e inclusivos, considerando necesidades específicas que puedan derivarse de variaciones de género biológico, tales como instalaciones adecuadas para el cuidado maternal o zonas de descanso ergonómicas.

◑ **Incidencia en el diseño de tareas:** redistribuir de manera equitativa las tareas que puedan ser consideradas físicamente exigentes o de baja valoración social. Por ejemplo, promover la rotación en posiciones que implican manejo de cargas pesadas u ofrecer equipos de protección personal ajustados al tamaño corporal medio femenino y masculino.

⊃ **Impacto de una prevención inclusiva:** la adopción de una perspectiva de género en políticas de salud y seguridad laboral supone no solo modificar prácticas dentro de las organizaciones, sino también transformar la propia cultura laboral hacia una más equitativa y justa. Estas acciones no solo protegen la salud de las personas trabajadoras, sino que además fortalecen el compromiso y la lealtad hacia la organización, mejorando la productividad y el clima laboral.

La inclusión de la perspectiva de género en los planes de prevención de riesgos laborales es más que una cuestión de obligatoriedad o cumplimiento normativo; es una oportunidad para cerrar brechas de desigualdad y contribuir al bienestar integral de todas las personas que componen una organización. La alineación de los objetivos empresariales con un compromiso diametral por la equidad de género no es solo valorada por los empleados, sino que también incrementa positivamente la imagen corporativa y la percepción del público hacia la empresa.

 **APLICACIÓN PRÁCTICA**

Clara, trabajadora de Conexia Global S. L., ha participado en varias iniciativas de prevención de riesgos laborales con perspectiva de género. Identifica cuál de las siguientes afirmaciones no correspondería a las medidas propias de este enfoque:

- **Se implementaron equipos de protección personal ajustados al tamaño corporal promedio femenino y masculino.**
- **Se diseñaron programas de formación sobre igualdad en salud laboral y prevención del acoso.**
- **Se asignaron todas las tareas físicamente exigentes a los empleados hombres para evitar riesgos mayores.**
- **Se promovieron políticas de conciliación trabajo-familia mediante flexibilidad horaria.**

Continúa en página siguiente >>

<< Viene de página anterior

Solución

Asignar todas las tareas físicamente exigentes a los hombres refuerza estereotipos de género y no es compatible con un enfoque de equidad e inclusión en la prevención de riesgos laborales.

3.5. La transversalidad de la perspectiva de género y la interseccionalidad

La transversalidad de la perspectiva de género y la interseccionalidad son conceptos fundamentales en el desarrollo de los planes de igualdad, especialmente en el contexto del diagnóstico. Estas nociones se integran de manera esencial para proporcionar un análisis profundo que permita la implementación eficaz de medidas encaminadas a erradicar desigualdades estructurales en diversos ámbitos de la sociedad. A continuación se detallan cuáles son los principales aspectos relacionados con estos dos conceptos.

Transversalidad de la perspectiva de género

La transversalidad de la perspectiva de género, conocida también como *mainstreaming* **de género,** se refiere al proceso de evaluar las implicaciones para mujeres y hombres de cualquier acción planeada, incluida la legislación, las políticas o los programas, en todas las áreas y niveles. Este enfoque busca asegurar que no se perpetúen las desigualdades de género y que se promueva la igualdad entre mujeres y hombres en todos los aspectos de la vida tanto pública como privada.

Para lograr esta transversalidad, es imprescindible que las instituciones tomen conciencia de la necesidad de incorporar el análisis de género en la toma de decisiones. La implementación efectiva de la transversalidad requiere de varios elementos clave:

- **Compromiso institucional**: las organizaciones deben expresar un claro compromiso hacia la igualdad de género, integrando esta perspectiva como parte de su cultura organizacional.
- **Capacitación continua:** capacitar a todos los niveles del personal es crucial para sensibilizar y equipar a las personas con las herramientas necesarias para aplicar el análisis de género en su trabajo diario.

- **Indicadores de género:** el desarrollo y el uso de indicadores específicos de género permite evaluar el impacto de las políticas implementadas, detectando áreas donde las desigualdades persistan.
- **Participación inclusiva:** involucrar a diversas partes interesadas en el diseño e implementación de políticas garantiza que se tenga en cuenta una variedad de necesidades y experiencias, promoviendo una igualdad de género auténtica.

Interseccionalidad: un análisis multifacético

El concepto de interseccionalidad surge para atender la complejidad de las identidades humanas y cómo las diferentes dimensiones de desigualdad se entrelazan. Introducido por Kimberlé Crenshaw, un destacado aspecto de la interseccionalidad es su capacidad para revelar cómo se superponen y se entrecruzan categorías como raza, género, clase, orientación sexual, edad, disability, entre otras, generando experiencias únicas de privilegio y opresión.

Incorporar la interseccionalidad en la creación de planes de igualdad implica reconocer y analizar cómo diferentes formas de discriminación pueden coincidir, exacerbando las desigualdades. Por ejemplo, una mujer de una minoría étnica puede enfrentarse a una discriminación diferente y potenciada en comparación con una mujer de la mayoría étnica dominante, tanto en los espacios laborales como en el acceso a servicios de salud.

Al integrar la interseccionalidad en el *mainstreaming* de género, los responsables de formular políticas pueden identificar mejor las desigualdades de género que no pueden ser comprendidas plenamente si se examinan solo desde una perspectiva unidimensional. Permite descubrir las capas de discriminación a las que una persona puede enfrentarse y las barreras estructurales subyacentes.

Aplicando la transversalidad e interseccionalidad en el diagnóstico

Con la intención de fortalecer los planes de igualdad y garantizar un impacto transformador, la diagnosis debe abarcar una estructura comprensiva que incorpore tanto la transversalidad de género como la interseccionalidad, lo que incluye:

- **Recolección de datos desagregados:** compilar datos no solo desagregados por sexo, sino también por otras categorías significativas como la etnicidad, la orientación sexual, la edad y el nivel socioeconómico, ofrece una visión más clara y completa sobre las desigualdades presentes.

- **Análisis contextual:** las desigualdades deben analizarse en el contexto específico en el que ocurren, considerando las particularidades culturales, sociales y económicas que las influyen.
- **Identificación de intervenciones basadas en evidencias:** con el conocimiento derivado del análisis interseccional, las intervenciones deben ser estratégicamente diseñadas para abordar las múltiples facetas de discriminación mencionadas.
- **Monitorización y evaluación continuas:** establecer mecanismos de seguimiento para asegurar la eficacia de las políticas implementadas y adaptarlas según sea necesario a nuevas evidencias emergentes.

 **VÍDEO**

El siguiente vídeo es una campaña en la que se explica en un minuto qué es la transversalidad de género. Puedes acceder desde aquí:

https://redirectoronline.com/ctri00050112

- -

 **TAREA 2**

Lucía trabaja en el departamento de RR. HH. de Conexia Global S. L. Durante el diagnóstico inicial del plan de igualdad de la empresa, detecta que existen desigualdades en los procesos de promoción interna: las mujeres, especialmente aquellas de minorías étnicas o en situación económica desfavorable, se enfrentan a mayores impedimentos para acceder a puestos de responsabilidad. Al mismo tiempo, observa que las políticas internas no han considerado de forma explícita la diversidad de identidades y realidades dentro de la plantilla. Lucía

Continúa en página siguiente >>

<< Viene de página anterior

tiene la tarea de diseñar un enfoque para incluir la transversalidad de género y la interseccionalidad en el diagnóstico y proponer dos acciones clave que la empresa pueda implementarlas. ¿Qué dos medidas concretas puede aplicar para abordar las barreras identificadas en la promoción interna?

3.6. La organización de los tiempos de trabajo y medidas de corresponsabilidad

La organización de los tiempos de trabajo y medidas de corresponsabilidad es un elemento clave en la elaboración de planes de igualdad efectivos. Siendo un reflejo de cómo se entiende y se gestiona el tiempo dentro del ámbito laboral, esta organización está profundamente ligada al bienestar de los empleados, la eficiencia de las operaciones y, por supuesto, a la equidad de género. La forma en la que las empresas eligen estructurar los horarios y las tareas de sus trabajadores puede reforzar o romper las barreras de desigualdad en el entorno profesional.

La perspectiva de género sigue siendo un pilar esencial, al abordar la organización de tiempos laborales. Los roles tradicionales de género a lo largo de la historia han asignado de manera desproporcionada las responsabilidades domésticas a las mujeres. Este desequilibrio en las cargas de trabajo ha impedido la plena incorporación y el desarrollo de las mujeres en el entorno laboral. Por ello resulta necesario que las políticas de corresponsabilidad sean adoptadas como un medio para redistribuir y equilibrar las tareas en el hogar, con lo cual se fomenta la igualdad efectiva.

A continuación, se presentan algunas medidas que promueven entornos más equitativos y productivos:

- **Flexibilidad laboral:** uno de los primeros aspectos que considerar en la organización del tiempo de trabajo es la flexibilidad laboral. Esta flexibilidad permite que los empleados ajusten sus horarios o modos de trabajo a sus necesidades personales, siempre que cumplan con sus responsabilidades laborales. La flexibilidad puede manifestarse de múltiples formas. Algunas de las más comunes son el teletrabajo, los horarios escalonados, la semana comprimida, etc. Estas modalidades no solo facilitan una mejor conciliación entre la vida personal y profesional, sino que también incrementan la satisfacción y el compromiso con la empresa.

Por ejemplo, la implementación del teletrabajo se ha multiplicado en muchas organizaciones como respuesta a la crisis global sanitaria de los últimos años. Aunque en general su aceptación inicial fue forzada, los beneficios han sido notables. La posibilidad de realizar tareas desde casa no solo ahorra tiempo de desplazamientos, sino que también puede aumentar la productividad al proporcionar un ambiente de trabajo más controlado por el individuo. Sin embargo, el teletrabajo debe implantarse de manera cuidadosa para prevenir la sobrecarga laboral o el aislamiento del trabajador. Establecer horarios claros, límites en el envío de correos electrónicos y el fomento de interacciones virtuales amables son prácticas que favorecen la eficacia de esta modalidad.

- **Horarios escalonados**: ofrecen un margen de maniobra adicional en los inicios y finales de la jornada laboral. Puede adaptarse a las necesidades personales de cuidado de menores, padres u otros dependientes. Este tipo de medida, si se implementa correctamente, no solo beneficia al empleado, sino que reduce el estrés laboral, las congestiones en los puntos de entrada de las instalaciones, y permite que los empleados trabajen en horarios donde son más productivos, mejorando así el rendimiento general.

  Por ejemplo, una empresa puede permitir que sus empleados comiencen su jornada laboral entre las 7:00 y las 9:00 de la mañana, permitiéndoles también finalizar sus jornadas dentro de un rango similar. Al hacer esto, se evitan los picos altos de tránsito en los establecimientos y se da lugar a una mayor equidad para aquellos que deben mover horarios de atención o cuidado.

- **Jornada laboral comprimida**: representa una reducción de días trabajados y una concentración de las horas semanales en menos jornadas. Con esto, la plantilla gana días que pueden dedicar a labores familiares o personales. Este modelo no solo surge como una medida beneficiosa para la calidad de vida del empleado, sino que también otorga ganancias para la empresa gracias a una mayor productividad en jornadas más largas pero concentradas, y menores costos operativos en días de cierre.

- **Corresponsabilidad**: esta práctica se promulga no solo entre los miembros de una familia, sino en las relaciones laborales. Así, la corresponsabilidad se manifiesta en políticas a las que las empresas se adhieren para fomentar que ambos géneros compartan roles por igual, eliminando los sesgos de género en las tareas consideradas propias de un solo sexo.

  Un factor crucial para el éxito de la corresponsabilidad es el cambio cultural dentro de las organizaciones. La capacitación en género y corresponsabilidad para todas las esferas dentro de la empresa resulta fundamental. Cambiar actitudes y percepciones sobre la igualdad supone una apuesta frecuente y constante por la educación y la sensibilización continua.

- **Permisos de maternidad y paternidad igualitarios:** permitir que tanto madres como padres se beneficien de un tiempo igual de permiso tras el nacimiento de un hijo promueve una cultura de equidad y redistribuye los roles de género, haciendo visible el compromiso laborioso y familiar de ambos progenitores.
- **Estrategias de conciliación:** deben incluir servicios de guarda y cuidado accesibles en el mismo lugar de trabajo o cerca de este. Se hace evidente la necesidad de las empresas de desarrollar políticas que faciliten el acceso a servicios pueriles para sus empleados. La creación de centros infantiles cerca de las instalaciones de trabajo o la concesión de subsidios para el cuidado infantil son prácticas que favorecen la reducción de la carga que tradicionalmente ha recaído de forma unilateral en las madres.
- **Evaluación y mejora continua:** la implementación de medidas relativas a la organización del tiempo de trabajo y la corresponsabilidad debe ir de la mano con un proceso de evaluación y mejora continua. Realizar un diagnóstico correcto, que considere la diversidad e intereses particulares de los empleados, permitirá ajustar estas políticas y hacerlas más inclusivas y efectivas conforme se detecten desafíos o surjan nuevas necesidades.

Con un proceso evaluativo riguroso, las empresas pueden determinar qué prácticas están generando los beneficios esperados y cuáles aún requerirán ajustes, asegurando así no solo la satisfacción personal del equipo humano, sino también la competitividad y resiliencia de la empresa en el mercado.

 PARA SABER MÁS

En el siguiente enlace se puede leer el resumen ejecutivo del Documento de Bases por los Cuidados, realizado por el Ministerio de Igualdad. Puedes acceder desde aquí:

https://redirectoronline.com/ctri00050110

3.7. Medidas por el abordaje de la discriminación

La discriminación, en cualquiera de sus múltiples formas, es un problema que aflige a las organizaciones contemporáneas y a la sociedad en general. Las empresas deben implementar medidas efectivas que la combatan activamente en sus diversas manifestaciones.

Es importante tener en cuenta los siguientes elementos:

- **Comprensión de la discriminación:** la discriminación puede definirse como el tratamiento desigual o injusto hacia una persona o un grupo basado en características tales como el género, la orientación sexual, el origen étnico, la discapacidad, la religión, entre otras. El impacto de la discriminación es amplio: afecta a la moral del personal, interrumpe la cohesión del equipo e impide que las organizaciones cumplan con su potencial completo.
- **Diagnóstico de discriminación:** un diagnóstico profundo y riguroso es la piedra angular para el desarrollo de estrategias efectivas. La recogida de datos, mediante encuestas anónimas y entrevistas, permite a las organizaciones mapear las percepciones y experiencias de los trabajadores respecto a la discriminación. Este diagnóstico debe enfocarse en identificar patrones, como diferencias salariales con base en el género, sesgos en la promoción de empleados o la subrepresentación de ciertas minorías en puestos de responsabilidad.
- **Marco jurídico y normativo:** es esencial que las organizaciones tengan conocimiento y cumplan con las legislaciones antidiscriminatorias vigentes en su jurisdicción. Esto incluye leyes laborales, políticas de igualdad de género y normativas específicas en favor de poblaciones diversas. Adoptar y adaptar estas leyes a las políticas internas es el primer paso para prevenir la discriminación.
- **Medidas preventivas:** algunas de estas medidas preventivas son:

  - **Formación y sensibilización:** la educación es una de las herramientas más poderosas contra la discriminación. Ofrecer talleres y programas de sensibilización en temas de diversidad e inclusión puede cambiar actitudes y erradicar prejuicios. La formación debe estar diseñada no solo para gerencia, sino también para la plantilla de todos los niveles.
  - **Políticas internas:** desarrollar una política de equidad clara que defina y condene la discriminación, en la que se detallen procesos claros para reportar infracciones y las consecuencias de estas, es crucial. Esta política debe ser revisada y actualizada regularmente para mantenerse efectiva y relevante.

- **Medidas correctivas:** es igual de importante reaccionar eficazmente cuando ocurre un caso de discriminación. Esto no solo ayuda a resolver el incidente particular, sino que también fortalece la confianza en las políticas y en la administración de la justicia interna de la organización. Algunas de estas medidas son:

  - **Investigación y resolución:** la creación de comités internos, compuestos por miembros de diferentes niveles jerárquicos y representativos de la diversidad en la empresa, puede proporcionar un enfoque transversal a la hora de tratar las denuncias. Estos deben tener la autoridad para investigar y dictaminar acciones en caso de confirmarse una conducta discriminatoria.
  - **Apoyo a la víctima:** el acompañamiento psicológico y emocional de la víctima es esencial para su bienestar. Implementar redes de apoyo y establecer conexiones con profesionales externos para una atención integral asegura que las personas afectadas puedan trabajar sin miedo y con dignidad.

- **Monitoreo y seguimiento:** una parte fundamental del proceso es llevar un seguimiento continuo de la implementación de las medidas de lucha contra la discriminación y su efectividad. Las auditorías internas deberían medirse con criterios precisos y regularmente actualizados para monitorizar el progreso y redirigir los esfuerzos si es necesario.
- **Fomento del entorno inclusivo:** la inclusión no solo trata de evitar lo negativo, sino de promover de manera activa un entorno en el que todas las personas puedan florecer. Fomentar la diversidad desde el reclutamiento a través de programas becas y mentoría específicos para minorías es indispensable.
- **Testimonios y buenas prácticas:** compartir historias de éxito dentro de la organización puede inspirar cambios reales. Las experiencias personales de empleados que han sentido mejoras sustanciales en su ambiente de trabajo son poderosas herramientas para promover la aceptación y el respeto por la diversidad.
- **Revisión de resultados y mejora continua:** las medidas por el abordaje de la discriminación deben entenderse como un compromiso a largo plazo con el bien común de la organización y sus integrantes. Una revisión constante de los planes de acción, a través de la consulta regular con los trabajadores y su participación activa en las decisiones de inclusión, asegura que el esfuerzo antidiscriminatorio se mantenga relevante y efectivo.

3.8. Diversidad y LGTBI

Con el avance de la implementación de planes de igualdad, uno de los aspectos fundamentales que abordar en cualquier organización o institución es la diversidad, entendida no solo desde la perspectiva de género, sino también desde otros enfoques, que comprenden la orientación sexual y la identidad de género. Este reconocimiento y abordaje de la diversidad es crucial para la eliminación de cualquier forma de discriminación sistemática y para la construcción de espacios inclusivos y de respeto mutuo.

El acrónimo *LGTBI* (lesbianas, gais, transexuales, bisexuales e intersexuales) es un término que agrupa a distintos colectivos que tradicionalmente se han visto en situaciones de discriminación y violencia basadas en prejuicios culturales y sociales.

Para integrar y valorar la perspectiva LGTBI en los planes de igualdad y en la cultura empresarial se debe tener en cuenta:

- **Entendiendo la diversidad:** diversidad es un término amplio que abarca diferencias en género, raza, religión, orientación sexual, edad, entre otros. Dentro del marco de la elaboración de planes de igualdad, es vital comprender la diversidad como un recurso valioso y un derecho universal que aporta riqueza en términos de perspectivas, habilidades y experiencias.
  El reconocimiento de la diversidad implica la eliminación de barreras estructurales que impiden la plena participación y el desarrollo de las personas dentro de sus entornos laborales y sociales. Esto incluye la identificación y eliminación de cualquier tipo de sesgo o prejuicio que pueda influir en la toma de decisiones y en las políticas de recursos humanos.
- **Inclusión LGTBI en los planes de igualdad:** incluir la perspectiva LGTBI en los planes de igualdad significa ir más allá del reconocimiento de las diferencias y avanzar hacia la implementación de políticas específicas que protejan y promuevan los derechos de estas comunidades. Estas políticas deben abordar cuestiones clave como la protección frente a la discriminación en el trabajo, la salud, la educación y el acceso a servicios.
- **Diagnóstico de situación:** una etapa crucial en la elaboración de cualquier plan de igualdad que incluya la perspectiva LGTBI es el diagnóstico de situación. Este proceso implica la recolección y análisis de datos cuantitativos y cualitativos que reflejen el estado actual de la diversidad y la inclusión dentro de la organización.
  Para obtener un diagnóstico preciso, es esencial realizar encuestas anónimas, entrevistas, grupos focales y otras técnicas de análisis que permitan observar el entorno desde múltiples perspectivas. Es importante

garantizar la participación de personas de la comunidad LGTBI para que su voz sea escuchada y sus necesidades sean atendidas de manera adecuada en las futuras políticas.

⊃ **Barreras y desafíos:** las personas LGTBI se enfrentan a múltiples barreras que pueden limitar sus oportunidades y derechos dentro de las estructuras sociales y laborales. Algunos de estos desafíos incluyen:

ʊ **Discriminación laboral:** a menudo, las personas LGTBI experimentan discriminación en los procesos de selección y en su ambiente de trabajo. Esto puede afectar su desarrollo profesional y su bienestar psicológico.

ʊ **Acoso y *mobbing*:** el acoso basado en la orientación sexual o identidad de género es una realidad en muchos entornos. Este tipo de violencia tiene efectos devastadores en la autoestima y salud mental de las personas afectadas.

ʊ **Políticas inadecuadas:** en muchos casos, las políticas de igualdad existentes son generales y no abordan específicamente las necesidades del colectivo LGTBI. Esto puede resultar en la falta de apoyo adecuado cuando se enfrentan a situaciones de discriminación o acoso.

⊃ **Implementación de medidas inclusivas:** la implementación de medidas inclusivas requiere un enfoque multifacético que implique cambios organizacionales, capacitación y una cultura de aceptación y respeto. Algunas prácticas recomendadas para promover la inclusión y evitar la discriminación son:

ʊ **Capacitación en diversidad:** es fundamental ofrecer formación continua a empleados de todos los niveles para sensibilizarlos sobre los temas LGTBI y erradicar prejuicios y estereotipos. Las sesiones de capacitación también deben incluir estrategias para intervenir y manejar situaciones de discriminación o acoso.

ʊ **Políticas antidiscriminatorias claras:** establecer directrices y políticas que prohíban explícitamente la discriminación por orientación sexual o identidad de género. Estas deben estar bien comunicadas a todos los miembros de la organización y llevar asociado un protocolo para la denuncia y manejo de estos casos.

ʊ **Beneficios inclusivos:** asegurar que los beneficios y recursos de la empresa, como el seguro de salud o los permisos familiares, sean inclusivos y consideren las diversas realidades de las personas LGTBI.

ʊ **Creación de redes de apoyo:** fomentar la creación de redes internas de empleados LGTBI y aliados donde se puedan compartir experiencias, ofrecer apoyo mutuo y asesoramiento.

◡ **Visibilidad positiva:** celebrar y reconocer públicamente los logros de las personas LGTBI dentro de la organización para romper estigmas y promover modelos que seguir.

⊃ **Cultura de la inclusión:** promover una cultura de inclusión que respete y valore la diversidad LGTBI no solo es una cuestión ética, sino también estratégica. Las empresas que adoptan plenamente estos valores tienden a ser más innovadoras, tienen una mayor satisfacción y retención del personal, y son más atractivas para un talento diverso.

 VÍDEO

El siguiente vídeo muestra las distintas dificultades que se encuentran las personas del colectivo LGTBI en el ámbito laboral. Accede desde aquí para verlo:

https://redirectoronline.com/ctri00050111

Fomentar la inclusión y el respeto a la diversidad LGTBI en los entornos laborales es fundamental para construir espacios más equitativos y enriquecedores, donde todas las personas se sientan valoradas y representadas.

4. Resumen

Cuando se realiza un diagnóstico dentro de la implementación de los planes de igualdad es necesario asegurarse de que todas las dimensiones del contexto laboral sean consideradas, desde la formación y promoción profesional hasta las condiciones laborales generales, garantizando que ningún aspecto pase desapercibido. Dentro de este marco, hay conceptos claves e imprescindibles:

Corresponsabilidad

- Se debe abordar la problemática de la infrarrepresentación femenina dentro de las empresas y en los niveles jerárquicos superiores.
- Es importante promover una conciliación y corresponsabilidad equitativa e igualitaria.

Cultura y gestión organizativa

- Debe alinearse con principios de igualdad, aplicando protocolos para combatir la violencia machista y fomentar el uso del lenguaje, comunicación e imágenes no sexistas.
- La salud laboral debe aplicarse desde la perspectiva de género para asegurar una prevención de riesgos laborales inclusiva.

Auditorías salariales

- La implementación de auditorías salariales permite detectar y corregir desigualdades en retribuciones.

Transversalidad de la perspectiva de género e interseccionalidad

- Esta visión multidimensional refuerza la importancia de gestionar los tiempos de trabajo y desarrollar medidas de corresponsabilidad, de manera que se logren entornos inclusivos.
- Se deben desarrollar medidas específicas para hacer frente a la discriminación y fomentar la aceptación de la diversidad y la inclusión de la comunidad LGTBI.

Ejercicios de autoevaluación
Unidad de Aprendizaje 1

1. ¿Qué implica el análisis de la cultura organizacional en el contexto de la igualdad de género?

   a. Identificar brechas salariales entre empleados.
   b. Evaluar actitudes, comportamientos y creencias que perpetúan desigualdades de género.
   c. Aumentar las cuotas de contratación femenina.
   d. Crear nuevas políticas de seguridad.

2. ¿Cuál es un objetivo clave de la auditoría salarial?

   a. Incrementar los salarios de todos los empleados.
   b. Identificar y eliminar discrepancias salariales injustificadas entre sexos.
   c. Reestructurar las jerarquías laborales.
   d. Asegurar la representación femenina en altos cargos.

3. Determina si la siguiente oración es verdadera o falsa: "La clasificación profesional se establece para optimizar los recursos humanos y asegurar que las tareas y responsabilidades sean delegadas de forma correcta".

   ■ Verdadero
   ■ Falso

4. ¿Qué es la segregación ocupacional vertical?

   a. La distribución equitativa de género en diferentes sectores.
   b. La concentración de mujeres en niveles inferiores en un mismo sector.
   c. La evaluación de actitudes discriminatorias en la cultura organizacional.
   d. El análisis de beneficios complementarios para empleados.

5. ¿Qué debe incluir un protocolo para prevenir el acoso laboral?

    a. Un procedimiento claro y rápido para gestionar denuncias.
    b. Un aumento general de los salarios.
    c. Capacitación técnica obligatoria.
    d. Eliminación de evaluaciones de desempeño.

6. Determina si la siguiente oración es verdadera o falsa: "La capacitación continua en igualdad de género es clave para erradicar estereotipos y promover un ambiente inclusivo".

    a. Verdadero
    b. Falso

7. ¿Qué herramientas son útiles para evaluar percepciones de igualdad en el lugar de trabajo?

    a. Encuestas anónimas y grupos focales
    b. Auditorías financieras
    c. Informes de productividad
    d. Análisis de beneficios complementarios

8. ¿Qué describe la corresponsabilidad en el ámbito laboral?

    a. La redistribución equitativa de las tareas domésticas y laborales.
    b. La implementación de nuevas tecnologías en el trabajo.
    c. La capacitación para el manejo de conflictos laborales.
    d. La implementación de sistemas de evaluación periódicos.

9. ¿Qué aspecto es fundamental al abordar el diseño de planes de igualdad?

    a. La transparencia en las políticas de remuneración.
    b. El aumento automático de beneficios para mujeres.
    c. La implementación de cuotas de género en todos los niveles.
    d. La eliminación de sesiones de capacitación.

10. **Determina si la siguiente oración es verdadera o falsa: "La clasificación profesional no influye en las dinámicas de igualdad dentro de una organización".**

   ■ Verdadero
   ■ Falso

Elementos en la auditoría retributiva y la valoración de puestos de trabajo con perspectiva de género

Contenido

Objetivos

El objetivo general de esta Unidad de Aprendizaje es:

→ Calcular y analizar la brecha salarial.

Los objetivos específicos de esta Unidad de Aprendizaje son:

→ Identificar los conceptos clave relacionados con la brecha salarial y la equidad de género.

→ Desarrollar habilidades para la elaboración de auditorías retributivas y diagnósticos de igualdad.

→ Fomentar la sensibilización y el compromiso hacia la igualdad de género en el entorno laboral.

1. Introducción

La auditoría retributiva y la valoración de puestos de trabajo con perspectiva de género son herramientas fundamentales en el camino hacia la equidad laboral. Estas prácticas nos permiten identificar y corregir desigualdades salariales estructurales que, aunque a menudo invisibles, afectan el desarrollo profesional de muchas personas y moldean las condiciones laborales de manera significativa. En un mundo donde la igualdad de género es una meta todavía distante pero crucial, abordar estas cuestiones no es solo un acto de justicia, sino también de eficiencia y sostenibilidad organizacional.

En el ámbito laboral, una de las formas más evidentes de la desigualdad de género es la brecha salarial. La identificación y el cálculo preciso de esta brecha son pasos críticos que nos ayudan a entender cómo la misma posición, desde diferentes criterios de género, puede resultar en compensaciones económicas divergentes.

Por otro lado, al integrar la perspectiva de género en la valoración de los puestos de trabajo, se asegura que el reconocimiento y la ubicación de cada rol dentro de las estructuras organizativas sea justo e igualitario. Este enfoque no solo ayuda a erradicar discriminaciones invisibilizadas, sino que también fomenta un ambiente laboral más inclusivo donde todos los empleados se sientan valorados por sus competencias y no por su género.

Una auditoría retributiva eficaz no solo identifica las discrepancias salariales, sino que también proporciona un marco para registrar y evaluar continuamente estas compensaciones. Además, la detección y erradicación de desigualdades requiere de una metodología clara, respaldada por estrategias efectivas y sostenibles que se enfoquen en la equidad. Esto es especialmente relevante en un entorno laboral que evoluciona constantemente y donde se requiere de un compromiso activo para incorporar la paridad de género como un valor fundamental de la organización.

La importancia de abordar estos asuntos desde una perspectiva informada y crítica no puede ser subestimada. El cambio hacia la equidad de género en el ámbito retributivo y de valoración de puestos de trabajo no solo mejora la justicia dentro de las organizaciones, sino que también fortalece el tejido social y económico de la sociedad.

Para visualizarlo de forma práctica, nos seguiremos basando en el caso de la empresa Conexia Global S. L., que en la actualidad está trabajando en su auditoría retributiva y analizando la existencia de una posible brecha salarial.

2. Identificación de la brecha salarial y su cálculo

☞ HILO CONDUCTOR

En Conexia Global S. L., una empresa tecnológica con más de 150 personas trabajadoras, la dirección decidió analizar la brecha salarial de género como parte de su compromiso con el plan de igualdad. Descubrieron que las mujeres ganaban, en promedio, un 12 % menos que los hombres, situación agravada por su concentración en puestos de menor responsabilidad y remuneración. Para abordar la problemática, realizaron auditorías retributivas y valoraciones de puestos de trabajo desde la perspectiva de género interseccional, identificando, así, las barreras estructuras. Como resultado, implementaron medidas como la revisión de políticas salariales y programas de promoción interna para mujeres y se comprometieron a reducir la brecha salarial en un 50 % en tres años.

En el contexto de la implementación de los planes de igualdad en las organizaciones, uno de los aspectos cruciales que demanda atención es la identificación y el cálculo de la brecha salarial de género. Este fenómeno, muchas veces invisibilizado o minimizado, puede reflejar desigualdades profundas y sistémicas que van más allá de la mera cuestión salarial.

La brecha salarial de género, en términos simples, se refiere a la diferencia en el salario medio entre las trabajadoras y los trabajadores. Esta diferencia puede surgir de múltiples factores que incluyen, pero no se limitan, a la discriminación directa, la concentración de mujeres en sectores y puestos de trabajo mal remunerados, la falta de oportunidades de promoción, o el impacto diferencial de un sistema de cuidados que recae mayoritariamente sobre las mujeres.

El proceso se compone de distintas fases:

- ➲ **Identificación de la brecha salarial:** el primer paso es realizar un mapeo de todas las estructuras salariales dentro de la organización. Este mapeo debe recolectar datos desagregados por género que incluyan salarios base, bonificaciones, comisiones, horas extraordinarias y cualquier otro tipo de compensación económica. El segundo paso consiste en analizar la proporción de mujeres y hombres en las diferentes categorías de empleo y niveles jerárquicos. Las cifras también deben estar sometidas a un análisis por departamentos y funciones, para identificar patrones de segregación horizontal. Esto implica evaluar la concentración de un género en determinadas funciones o áreas que, en sí mismas, ya pueden ser objeto de infravaloración salarial. Es especialmente relevante evaluar los criterios de contratación, promoción y revisión salarial, con el objetivo de poder detectar si existen políticas o prácticas que de manera consciente o inconsciente favorecen a un sexo sobre otro.

○ **Cálculo de la brecha salarial:** la forma más común de calcular la brecha salarial es a partir de la siguiente fórmula:

$$\text{Brecha Salarial (\%)} = \frac{\text{Salario Medio de Hombres} - \text{Salario Medio de Mujeres}}{\text{Salario Medio de Hombres}} \times 100$$

Este cálculo proporciona un porcentaje que indica la magnitud de la brecha. Un resultado positivo señala que, en promedio, los hombres ganan más que las mujeres. Sin embargo, este enfoque general tiene limitaciones, ya que no considera las diferencias entre distintas categorías y niveles ocupacionales.

Lo ideal sería **separar el cálculo por categorías específicas y rangos de antigüedad,** con el objetivo de detectar si la brecha es más pronunciada en ciertos grupos o niveles dentro de la organización. También se usa la **técnica de descomposición de Oaxaca-Blinder** para entender las fuentes de la brecha. Esta técnica separa la brecha salarial en una parte que puede atribuirse a diferencias en características productivas (como educación y experiencia) y la parte residual que podría sugerir discriminación.

○ **Contextualización de los datos:** el análisis de los datos recopilados y calculados debe contextualizarse en el entorno mayor de la organización y la sociedad, es decir, se deben interpretar los resultados, no solo dar un número. Este proceso de interpretación debe considerar la posible interacción de factores como la cultura organizacional, las expectativas sociales y familiares, y las perspectivas económicas globales.

Por ejemplo, la implementación de medidas como la ampliación del teletrabajo o la flexibilidad horaria puede contribuir significativamente a reducir el desequilibrio salarial. Estas iniciativas brindan a las mujeres, que a menudo se enfrentan a una mayor carga de responsabilidades de cuidado, la posibilidad de acceder a roles mejor remunerados o continuar avanzando en sus carreras profesionales.

○ **Comunicación y transparencia:** una vez identificada la brecha salarial y sus causas, es fundamental que las empresas se involucren en un diálogo transparente y constructivo con su personal. Este diálogo no debe centrarse únicamente en los números y las acciones correctivas, sino que también debe promover un entendimiento común sobre por qué la paridad salarial es ventajosa desde una perspectiva organizacional y de justicia social. Es necesario incluir cronogramas para la implementación de nuevas medidas y los indicadores de progreso que se utilizarán para evaluar su efectividad. Compartir estas iniciativas no solo fortalece la confianza interna, sino también la imagen externa de la empresa.

⮑ **Plan de seguimiento y acción:** identificar y calcular la brecha salarial es el primer paso. Es importante desarrollar un plan de acción concreto y sostenible para cerrar efectivamente esta brecha. El plan debe incluir:

  ◌ Políticas activas de reclutamiento que fomenten la diversidad.
  ◌ Programas de desarrollo profesional.
  ◌ Repasos periódicos de las compensaciones salariales para asegurar que no se perpetúan desigualdades injustificadas.
  ◌ Mecanismos de seguimiento y auditoría continua.

 PARA SABER MÁS

Podrás consultar una guía para realizar las auditorías con perspectiva de género accediendo desde aquí:

https://redirectoronline.com/ctri00050201

2.1. Conceptos básicos

La identificación de la brecha salarial y su cálculo es fundamental para entender cómo las diferencias en remuneración pueden esconder desigualdades estructurales de género. Para abordar estos problemas de manera efectiva y consciente, es crucial dominar ciertos **conceptos básicos** relacionados con la auditoría retributiva y la valoración de puestos de trabajo desde una perspectiva de género e interseccional. Estos son los siguientes:

⮑ **Igualdad de género en el trabajo:** implica que hombres y mujeres tienen las mismas oportunidades, derechos y deberes en el entorno laboral. Esta igualdad no solo se refiere al acceso al empleo, sino también a las condiciones de trabajo, oportunidades de promoción y remuneración.

➲ **Brecha salarial de género:** la brecha salarial de género es la diferencia promedio en las retribuciones recibidas entre hombres y mujeres, expresada generalmente como un porcentaje sobre el salario masculino. Esta brecha puede originarse de varios factores, entre ellos la discriminación directa, las diferencias en la educación, la experiencia laboral y la segregación ocupacional.

➲ **Segregación ocupacional:** se refiere al fenómeno por el cual hombres y mujeres tienden a concentrarse en diferentes sectores o niveles profesionales. Esta segregación puede ser horizontal. En ella se observa una división en cuanto a los tipos de empleo que hombres y mujeres suelen ocupar; o vertical, donde predominan diferencias en los niveles jerárquicos dentro de una misma ocupación.

➲ **Auditoría retributiva:** es un procedimiento exhaustivo que tiene como objetivo evaluar las prácticas salariales dentro de una organización para identificar y corregir posibles desigualdades retributivas entre géneros. Este proceso implica un análisis detallado de la estructura de salarios, el acceso igualitario a incentivos y otras formas de remuneración. Las auditorías retributivas son una herramienta poderosa para las organizaciones que buscan fomentar la transparencia y la justicia en sus políticas salariales.

➲ **Valoración de puestos de trabajo:** consiste en un proceso sistemático para determinar el valor relativo de cada posición en una organización, asegurando que las tareas se remuneren de manera justa y equitativa. Cuando se aplica con perspectiva de género, esta valoración considera si existe algún sesgo implícito que afecte a la equidad salarial.

➲ **Sesgo de género en el empleo:** son los comportamientos o actitudes que favorecen indirecta o directamente a un género sobre otro en el contexto laboral. Esto puede manifestarse en procesos de contratación, promoción, evaluación del rendimiento o incluso en la cultura interna de una empresa. Un ejemplo del sesgo de género podría ser una tendencia que considerar a las mujeres menos capaces para roles de liderazgo, basándose en estereotipos en lugar de en méritos individuales.

➲ **Perspectiva de género:** la inclusión de una perspectiva de género en el análisis de las dinámicas laborales implica considerar cómo las diferencias de género y sus desigualdades asociadas pueden influir en la vida profesional e institucional. Aplicar esta perspectiva es esencial para identificar y desafiar aquellas estructuras y prácticas que mantienen o perpetúan las desigualdades. Por ejemplo, al evaluar una política de recursos humanos, una empresa debería preguntarse cómo esa política afectaría de manera diferenciada a hombres y mujeres.

➲ **Conciliación de la vida personal y profesional:** la capacidad y oportunidad de equilibrar la vida familiar y laboral es un aspecto crucial para promover la igualdad de género en el trabajo. Algunas iniciativas, como horarios flexibles, opciones de trabajo remoto y provisión de servicios de cuidado infantil, ayudan a que toda la plantilla, sea cual sea su sexo, pueda equilibrar sus responsabilidades laborales y personales de manera efectiva. Desarrollar una cultura de apoyo a la conciliación garantiza que las personas cuidadoras, a menudo mujeres, no sufran desventajas profesionales.

- **Cultura organizacional inclusiva:** es necesario crear un entorno donde todas las personas, del sexo que sea, se sientan valoradas y respetadas. Esto implica políticas inclusivas como la igualdad de trato en las revisiones de desempeño, el desarrollo de carreras y la capacitación en conciencia de género para toda la plantilla. Una cultura inclusiva no solo mejora el clima laboral, sino que también aumenta la fidelización del personal y reduce la rotación de la plantilla.

- **Políticas de equidad salarial:** son medidas diseñadas para asegurar que se pague un salario justo e igualitario por trabajos de igual valor, eliminando cualquier tipo de discriminación salarial basada en el género. Estas políticas deben estar bien definidas y sujetas a revisión regular para ser efectivas. Un buen ejemplo de una política de equidad salarial es una que fomenta la transparencia sobre los criterios de determinación salarial y oportunidades igualitarias de ascenso.

👁 EJEMPLO

Un ejemplo práctico de segregación ocupacional en una empresa podría observarse en una planta manufacturera, donde los puestos técnicos y de supervisión están ocupados por hombres, mientras que las mujeres se concentran en roles administrativos y de apoyo, como recepcionistas, asistentes y operadoras de líneas de montaje. A pesar de que las mujeres en la organización tienen la misma formación y experiencia técnica que los hombres, se enfrentan a barreras no explícitas para acceder a los roles mejor remunerados o con mayor responsabilidad.

Esta situación se perpetúa debido a factores como la falta de procesos de selección y promoción transparentes, sesgos inconscientes en las decisiones de contratación, y la persistencia de estereotipos de género que asocian ciertas habilidades técnicas o de liderazgo exclusivamente con los hombres. Para abordar esta segregación, la empresa podría implementar auditorías de género en sus procesos internos.

2.2. Cálculo de la brecha

El cálculo de la brecha salarial es crucial, ya que permite identificar cómo las diferencias de género impactan en las retribuciones, proporcionando una base sólida para diseñar planes de igualdad justos y efectivos.

A continuación, puedes ver cómo determinar esta brecha, qué medidas hay que considerar y cómo estos cálculos pueden informar las decisiones laborales:

➲ **Comprensión del concepto de brecha de género en remuneración:** se refiere a la diferencia en el salario promedio de hombres y mujeres. Esta discrepancia se puede manifestar en el salario base, las bonificaciones, los beneficios y cualquier otro tipo de remuneración financiera. Es importante calcular y comprender cuál es el estado actual de la brecha para poder tomar medidas correctivas.

➲ **Datos necesarios para el cálculo de la brecha:** para calcular la brecha de género, es fundamental contar con datos precisos y desagregados. Se deben recopilar datos sobre:

- ☊ Salarios base tanto de hombres como de mujeres.
- ☊ Bonificaciones y cualquier otro tipo de compensación financiera.
- ☊ Diferencias en horas trabajadas.
- ☊ Niveles educativos y experiencia laboral.
- ☊ Distribución en diferentes roles y responsabilidades dentro de la organización.

➲ **Cálculo de la brecha:** para calcular la brecha salarial de género, se utiliza habitualmente la siguiente fórmula:

$$\text{Brecha Salarial (\%)} = \frac{\text{Salario Medio de Hombres} - \text{Salario Medio de Mujeres}}{\text{Salario Medio de Hombres}} \times 100$$

Esta fórmula proporciona un porcentaje que indica la reducción en el salario promedio de las mujeres con respecto al de los hombres. Una brecha positiva implica que el salario promedio de los hombres es mayor que el de las mujeres.

➲ **Análisis desagregado por variables:** una vez calculada la brecha general, es necesario realizar un análisis desagregado teniendo en cuenta diferentes variables que pueden influir en la brecha salarial:

- ☊ **Sector y tipo de ocupación:** el sector y el tipo de ocupación influyen en cómo las diferentes categorías salariales afectan a la brecha d género. Los sectores altamente cualificados, pero con baja representación de mujeres suelen presentar mayores disparidades salariales.

◊ **Tiempo de dedicación:** analizar diferencias en salarios a tiempo completo y tiempo parcial, dado que las mujeres son más propensas a ocupar puestos a tiempo parcial.

◊ **Antigüedad y experiencia:** considerar cómo el tiempo en la empresa y la experiencia acumulada afectan los salarios y si existe un sesgo en cómo estas variables se compensan entre hombres y mujeres.

◊ **Nivel educativo:** evaluar la relación entre el nivel educativo alcanzado y la remuneración percibida, manteniendo el foco en aquellas situaciones donde hombres y mujeres poseen la misma educación.

⮑ **Factores que contribuyen a la brecha:** es muy importante comprender los factores subyacentes que contribuyen a la brecha para abordar y minimizar esta desigualdad:

◊ **Discriminación directa e indirecta:** casos en los que mujeres reciben menos remuneración por trabajos de igual valor o cuando las políticas de la compañía, aunque no explícitas, resultan en un impacto diferenciado para hombres y mujeres.

◊ **Desigualdad en ascensos:** las mujeres pueden enfrentarse a barreras para avanzar en la carrera profesional que no están presentes para los hombres, lo que afecta, por ejemplo en los salarios percibidos, siendo mayores en los hombres, porque tienen menos barreras para acceder a posiciones jerárquicamente superiores.

◊ **Segregación ocupacional:** la concentración de mujeres en ciertas ocupaciones o tipos de trabajo tradicionalmente menos valorados económicamente puede resultar en desigualdades salariales.

⮑ **Estrategias para reducir la brecha:** existe una serie de medidas y estrategias que pueden llevar a cabo las empresas para reducir la brecha:

◊ **Auditorías salariales regulares:** llevar a cabo auditorías anuales para monitorizar el avance hacia la igualdad salarial, analizar datos y verificar si las acciones implementadas resultan efectivas.

◊ **Programas de mentoría y desarrollo profesional:** fomentar iniciativas que apoyen activamente el desarrollo de las mujeres en roles de liderazgo y en sectores donde están subrepresentadas.

◊ **Políticas de transparencia salarial:** implementar políticas que promuevan la transparencia en las escalas salariales, garantizando que los empleados puedan entender cómo sus sueldos se calculan y cómo acceder a ascensos y aumentos salariales equitativos.

➲ **Sinergias políticas para la igualdad:** el impacto legislativo y regulador puede también jugar un papel crucial en disminuir la brecha salarial. Las políticas públicas que imponen sanciones por discriminar en remuneraciones basadas en el género o que fomentan prácticas de igualdad salarial pueden incentivar a las empresas a practicar la equidad.

 **EJEMPLO**

En una empresa trabajan 10 mujeres y 10 hombres. Los hombres tienen un salario promedio mensual de 2.000 €, mientras que las mujeres ganan de promedio mensual de 1.800 €. Para calcular la brecha salarial, aplicamos la fórmula:

$$\text{Brecha salarial:} \frac{\text{Salario Medio de Hombres} - \text{Salario Medio de Mujeres}}{\text{Salario Medio de Hombres}} \times 100$$

Sustituimos los valores:

$$\text{Brecha salarial:} \frac{2.000\ € - 1.800\ €}{2.000\ €} \times 100$$

Primero restamos los salarios, luego dividimos por el salario promedio de los hombres y finalmente multiplicamos por 100 para obtener el porcentaje.

Así que, la brecha salarial en esta empresa es del 10 %, lo que significa que **las mujeres, en promedio, ganan un 10 % menos que los hombres.**

2.3. Herramientas y recursos

En la búsqueda de alcanzar una efectiva igualdad de género en el ámbito laboral, las herramientas y recursos juegan un papel crucial. La implementación de planes de igualdad requiere de un enfoque sistemático y estructurado para abordar las desigualdades y promover un entorno equitativo. Una vez se conoce la brecha salarial es necesario aplicar instrumentos que permitan el análisis exhaustivo y la posterior aplicación efectiva de las medidas correctivas. Las principales herramientas y recursos son:

⟳ **Herramientas de diagnóstico:** las herramientas de diagnóstico son fundamentales para establecer una línea base desde la cual podamos medir el éxito de las políticas implementadas. Estas herramientas incluyen:

○ **Encuestas de satisfacción y clima laboral:** son instrumentos que permiten recoger información directa de los empleados sobre su percepción del ambiente de trabajo. La inclusión de preguntas diseñadas con perspectiva de género es crucial para identificar problemáticas específicas que puedan estar afectando de manera diferente a hombres y mujeres. Por ejemplo, preguntas sobre las oportunidades de desarrollo profesional o la percepción de justicia en las evaluaciones de desempeño proporcionan una visión clara de las áreas que requieren atención.

○ **Auditorías salariales:** es una herramienta esencial para identificar disparidades retributivas que puedan no ser inmediatamente evidentes. Utilizando datos cuantitativos, se analiza la distribución de salarios desagregados por género. Este análisis debe considerar factores como la categoría profesional, la antigüedad y el nivel educativo de los empleados para detectar si existen brechas injustificadas. La auditoría debe ser integral y contar con un plan de acción para corregir esas brechas.

○ **Análisis de políticas internas:** revisar las políticas internas de contratación y promoción es crucial para asegurar que estas no sean una fuente de desigualdad. A través del análisis de los procedimientos de selección, se pueden detectar posibles sesgos que dificulten el acceso equitativo a oportunidades laborales. Además, la revisión periódica de los criterios de evaluación en los procesos de promoción permite detectar y erradicar prácticas discriminatorias.

⟳ **Herramientas de formación y sensibilización:** la formación y sensibilización son aspectos clave en la implementación de cambios organizacionales asociados a la igualdad de género. Para lograr un cambio cultural significativo, es imperativo fomentar la concienciación entre todos los niveles de la organización. Dentro de ello podemos encontrar:

○ **Programas de formación:** los programas deben adaptarse a las necesidades específicas de cada empresa y cubrir temáticas como el sesgo inconsciente, la comunicación inclusiva y el liderazgo participativo. El objetivo es dotar a la plantilla de las herramientas necesarias para identificar y desafiar prácticas discriminatorias.

○ **Talleres de sensibilización:** son un recurso para implicar activamente a la plantilla en el proceso de cambio organizacional. Mediante la realización de dinámicas participativas, las trabajadoras y trabajadores pueden reconocer prácticas de exclusión y cómo sus propias actitudes y comportamientos afectan a su entorno laboral.

➲ **Recursos tecnológicos:** la inclusión de recursos tecnológicos se ha convertido en una tendencia creciente para apoyar la implementación efectiva de planes de igualdad. Gracias al desarrollo tecnológico, las organizaciones pueden facilitar el seguimiento, la evaluación y la comunicación de sus políticas de igualdad. Algunos ejemplos de recursos serían:

  ◊ *Software* **de gestión de recursos humanos:** el empleo de *software* especializado en la gestión de recursos humanos permite a las empresas realizar un seguimiento continuo de sus prácticas y políticas de igualdad. Funcionalidades como la gestión de la nómina, el control de progresión profesional y la administración de la diversidad pueden automatizarse y ser accesibles en tiempo real.
  ◊ **Plataformas de comunicación interna:** son esenciales para informar a la plantilla sobre los avances en materia de igualdad de género dentro de la empresa. La transparencia y la capacidad de mantener a la plantilla informada sobre las iniciativas en curso refuerza el compromiso organizacional con la igualdad. Además, estas plataformas pueden servir como espacios de diálogo donde la plantilla comparta ideas y sugerencias que enriquezcan el proceso de implementación de las políticas.

➲ **Recursos legales:** para implementar efectivamente un plan de igualdad, es necesario contar con recursos legales que guíen y respalden el proceso. Estos recursos pueden ser los siguientes:

  ◊ **Asesoría jurídica:** contar con asesoría jurídica especializada en igualdad de género es indispensable para garantizar que todas las prácticas y políticas de la organización sean acordes con la normativa vigente.
  ◊ **Manual de protocolos y procedimientos legales:** desarrollar un manual que compile los protocolos y procedimientos que seguir frente a cualquier forma de discriminación por género es fundamental.

➲ **Evaluación continua y *feedback*:** una efectiva implementación de planes de igualdad requiere un proceso continuo de evaluación y retroalimentación. La creación de mecanismos de *feedback*, como grupos de discusión y encuestas de evaluación de programas, dan voz a la plantilla y permite a la organización recibir información valiosa que puede utilizarse para mejorar sus políticas. Incentivar la participación en estos mecanismos demuestra el compromiso empresarial con la mejora continua y fortalece la confianza de la plantilla en la empresa.

 **PARA SABER MÁS**

Escanea el siguiente código QR para acceder a una investigación acerca de la segregación ocupacional y cómo es el acceso por las mujeres a profesiones tradicionalmente masculinas:

https://redirectoronline.com/ctri00050202

3. Valoración de los puestos de trabajo con perspectiva de género

👉 **HILO CONDUCTOR**

La dirección de Conexia Global S. L. decidió realizar la valoración de puestos de trabajo desde la perspectiva de género interseccional para poder garantizar una distribución equitativa de salarios y beneficios entre hombres y mujeres. Durante el análisis, identificaron que algunos roles tradicionalmente ocupados por mujeres estaban subvalorados en comparación con puestos similares desempeñados por hombres en su mayoría. Para corregir estas desigualdades, utilizaron herramientas específicas y ajustaron los salarios y remuneraciones. Con estas medidas, buscaban eliminar las diferencias injustas y promover un entorno laboral más justo e inclusivo.

La valoración de los puestos de trabajo con perspectiva de género es un enfoque vital en la gestión de recursos humanos y en la implementación de políticas de igualdad en las organizaciones. Este enfoque busca asegurar que la distribución de salarios y beneficios sea equitativa, eliminando las desigualdades de género vinculadas a roles y funciones similares dentro del entorno laboral.

A lo largo de la historia, las diferencias salariales basadas en el género han sido el resultado de una serie de factores, incluyendo la segregación ocupacional y la subvaloración del trabajo tradicionalmente realizado por mujeres. Estas prácticas no solo son injustas, sino que también contribuyen a mantener estereotipos de género y limitan el desarrollo profesional y personal de las trabajadoras.

Para realizar una buena valoración es importante conocer los siguientes conceptos:

➲ **Conceptualización de la valoración de los puestos de trabajo con perspectiva de género:** la valoración de puestos de trabajo con perspectiva de género es el proceso de analizar y evaluar sistemáticamente las tareas, competencias y responsabilidades que componen un cargo, con el objetivo de asignarles un valor justo. Este proceso busca eliminar sesgos de género, identificando las características laborales más allá de los estereotipos asociados a géneros particulares. El objetivo es establecer una estructura salarial justa y equitativa que refleje el valor intrínseco del trabajo sin distinción de género, previniendo así cualquier forma de discriminación salarial.

➲ **Proceso de valoración desde la perspectiva de género:** el proceso de valoración de puestos puede dividirse en varias etapas:

   ◡ **Identificación de puestos:** inicialmente, se deben identificar claramente los puestos que serán objeto de valoración. Esto implica eliminar cualquier prejuicio inicial sobre el valor del trabajo basándose únicamente en el género tradicionalmente asociado con el rol.

   ◡ **Análisis de puestos de trabajo:** esta etapa involucra la recolección de datos y detalles sobre cada trabajo. Se deben documentar las tareas, habilidades requeridas, condiciones laborales, responsabilidades y tipo de esfuerzo físico o intelectual involucrado. Es importante hacerlo de manera estandarizada para permitir comparaciones válidas entre diferentes puestos, evitando valoraciones sesgadas que subestimen trabajos mayoritariamente ocupados por mujeres.

   ◡ **Valoración de puestos:** en este paso, se aplican métodos de valoración cuantitativa y cualitativa para determinar el valor relativo de cada puesto. Se deben utilizar métodos de evaluación que sean sensibles a cuestiones de género, como el sistema de puntos o el método de comparación de factores, los cuales descomponen cada trabajo en un conjunto de factores medibles, evaluando independientemente cada uno de ellos.

⊃ **Métodos de valoración con perspectiva de género:** entre los métodos de valoración más utilizados y recomendados están los siguientes:

   ʊ **Método de punto:** este método evalúa un puesto basándose en factores tales como habilidades, responsabilidad, esfuerzo y condiciones de trabajo. Dentro de este contexto, es crucial evaluar sin penalizar trabajos que demandan habilidades "suaves", a menudo subestimadas, como la comunicación, la empatía y la gestión emocional, comúnmente asociadas a roles tradicionalmente ocupados por mujeres.

   ʊ **Método de comparación de factores:** similar al método de puntos, este sistema compara distintos factores críticos del trabajo, atribuyendo valores comparativos significativos. Este método permite una valoración directa entre las funciones específicas de los puestos laborales, asegurando que la contribución de todo individuo al éxito organizacional sea reconocida equitativamente.

⊃ **Fortalecimiento de la equidad de género a través de la valoración adecuada de puestos:** implementar una evaluación de puestos con detección de sesgos de género puede tener varios beneficios para una organización:

   ʊ **Reducción de la brecha salarial:** al establecer estructuras de compensación basadas en la valoración objetiva de las habilidades y funciones laborales, las organizaciones pueden cerrar o reducir significativamente las disparidades salariales de género. Promoción de la igualdad: fomentar un ambiente de trabajo donde tanto hombres como mujeres sean evaluados objetivamente sienta las bases para una cultura organizacional inclusiva.

   ʊ **Mejora del clima laboral y motivación:** la transparencia y equidad en procedimientos retributivos fomentan una mayor satisfacción de los empleados, reduciendo la rotación y elevando su compromiso.

   ʊ **Cumplimiento normativo:** muchas jurisdicciones han implementado leyes y regulaciones que exigen políticas retributivas equitativas de género. Una evaluación preventiva y objetiva asegura el cumplimiento normativo y protege a la organización de sanciones.

⊃ **Retos de la implementación de la valoración de puestos con perspectiva de género:** A pesar de sus beneficios, la valoración de puestos con perspectiva de género se enfrenta a varios desafíos:

   ʊ **Resistencia cultural y organizacional:** cambiar los sistemas tradicionales de valoración y las percepciones acerca de los roles de género a menudo desencadena resistencia, tanto desde el nivel directivo como entre la plantilla.

○ **Complejidad metodológica:** la aplicación de métodos de valoración que capturen objetivamente el valor de diferentes factores requeridos para el puesto puede ser técnica y logísticamente demandante.

○ **Falta de datos precisos:** disponer de datos completos y actualizables de puestos requiere esfuerzo sostenido en recolectar información precisa sobre los roles, algo que muchas organizaciones pueden no estar preparadas para llevar a cabo sistemáticamente.

↻ **Reconocimiento del impacto económico:** un ejemplo emblemático de la implementación de una adecuada valoración de puestos se puede ilustrar en el sector público de países nórdicos, donde las políticas salariales equitativas han respaldado altos índices de igualdad de género, incentivando la participación femenina en el mercado laboral y promoviendo un equilibrio laboral-familiar. Algunas empresas en sectores de tecnología y servicios también están adoptando estos marcos de valoración para desarrollar ventajas competitivas a través de una fuerza laboral diversificada e inclusiva.

 PARA SABER MÁS

Escanea el siguiente QR para acceder a una guía de uso como herramienta para la valoración de puestos de trabajo.

https://redirectoronline.com/ctri00050203

3.1. Conceptos básicos

La elaboración, análisis e implementación de los planes de igualdad requiere conocer ciertos conceptos fundamentales que sirven como pilares de esta labor. Estos conceptos básicos son esenciales para entender cómo se interrelacionan los elementos de la auditoría retributiva con la valoración de los puestos de trabajo desde una perspectiva de género. Los más relevantes son:

- **Igualdad de género:** la igualdad de género se refiere al principio de tratar a todas las personas por igual, sin discriminación basada en el género. En el contexto laboral, significa otorgar las mismas oportunidades, derechos y beneficios a todos los empleados, independientemente de si son hombres, mujeres o de cualquier otra identidad de género. La igualdad de género no implica que hombres y mujeres deban ser iguales en todo, sino que sus derechos, responsabilidades y oportunidades no dependerán de si nacieron hombres o mujeres. En la práctica, esto se traduce en crear un entorno de trabajo en el que las capacidades de los empleados se aprovechen al máximo, sin verse influenciadas por estereotipos o sesgos de género.
- **Brecha salarial de género:** representa la diferencia en el ingreso medio entre hombres y mujeres. Este concepto ha sido un punto focal en el estudio de las desigualdades de género en el trabajo, reflejando cómo, a menudo, las mujeres son remuneradas por debajo de sus pares masculinos por igual trabajo o por trabajo de igual valor. Existen múltiples factores que contribuyen a esta brecha, como la segregación ocupacional, las diferencias en educación y experiencia laboral, y la discriminación directa. Sin embargo, la tarea de reducir esta brecha a menudo se centra en asegurarse de que la valoración de los puestos de trabajo se haga de manera justa, utilizando herramientas que midan objetivamente el valor del trabajo con independencia del género del trabajador.
- **Auditoría retributiva:** es el proceso sistemático de revisión y evaluación de las políticas y prácticas retributivas de una organización para identificar cualquier posible desigualdad salarial basada en el género. Este proceso no solo implica el análisis de salarios básicos, sino también de todos los elementos que conforman la remuneración, como bonos, beneficios y oportunidades de desarrollo. Una auditoría retributiva bien realizada permite localizar las áreas donde pueda existir discriminación salarial y proporcionar puntos de partida para desarrollar medidas correctivas que promuevan la igualdad de género.
- **Valoración de puestos de trabajo:** proceso mediante el cual se determinan los criterios o escalas salariales más apropiados para cada puesto dentro de una organización. Un aspecto clave en la valoración de los puestos de trabajo desde una perspectiva de género es asegurarse de que se reconocen y valoran adecuadamente aspectos y características de los trabajos que tradicionalmente podrían ser subvalorados en ocupaciones predominantemente femeninas, como habilidades interpersonales, cuidado o atención al detalle. Así, el objetivo es contar con una estructura salarial que refleje el verdadero valor de todas las funciones, sin sesgos de género.

- **Desigualdad estructural**: se refiere a las barreras sistemáticas que impiden a ciertos grupos de personas acceder a los mismos recursos y oportunidades que otros. En el ámbito laboral, esto puede manifestarse en limitaciones para el avance profesional o en cómo los estereotipos sobre roles de género afectan las oportunidades de promoción. Identificar de manera efectiva estas desigualdades dentro de una organización requiere de un análisis exhaustivo y cuidadoso, teniendo en cuenta no solo la distribución de salarios, sino también factores como la proporción de hombres y mujeres en diferentes niveles jerárquicos y su acceso a recursos de desarrollo profesional.

- **Indicadores de género**: son herramientas esenciales para evaluar el progreso en la implementación de planes de igualdad. Estos son métricas que permiten el seguimiento de diferencias entre géneros en diversos ámbitos, como la contratación, la promoción, la formación o la repartición de tareas dentro de una organización. Establecer y monitorear estos indicadores ayuda a las organizaciones a visualizar de manera clara las áreas en las que persisten desigualdades y a medir la efectividad de las medidas correctivas implementadas.

- **Perspectiva de género en las políticas laborales**: integrar la perspectiva de género significa considerar las diferentes implicaciones que las políticas laborales pueden tener sobre hombres y mujeres. Esto incluye el diseño de políticas y prácticas que no solo sean neutrales desde el punto de vista del género, sino activamente equitativas.

- **Interseccionalidad**: la interseccionalidad, un término introducido por Kimberlé Crenshaw, se refiere al análisis de cómo diferentes categorías sociales como raza, género, clase y otras interactúan en el contexto de un sistema de opresión o desigualdad. Al abordar la igualdad de género, es crucial reconocer cómo la interseccionalidad influye en las experiencias laborales de las mujeres y otros grupos oprimidos y/o discriminados. La implementación efectiva de planes de igualdad no puede pasar por alto cómo estas intersecciones afectan a las oportunidades, la segregación ocupacional o la brecha salarial entre diferentes grupos dentro de la organización.

NOTA

Incorporar la interseccionalidad en el análisis de género significa adoptar un enfoque más inclusivo al abordar las inequidades, garantizando que las estrategias de igualdad de género sean diversas y acogedoras de las múltiples identidades que los empleados puedan presentar.

La desigualdad de género en el ámbito laboral se refleja en barreras estructurales que dificultan el acceso equitativo a oportunidades y posiciones de liderazgo, perpetuando brechas salariales y de representación.

 PARA SABER MÁS

El análisis de la interseccionalidad es vital en todos los procesos relacionados con la igualdad de género e igualdad laboral. Destacan, por ejemplo, las medidas de conciliación. En el siguiente enlace puedes encontrar una investigación acerca de las medidas de conciliación en España y en la Unión Europea desde una perspectiva de género interseccional.

https://redirectoronline.com/ctri00050204

 ACTIVIDAD COMPLEMENTARIA

2. Busca distintas noticias o informes que aborden la brecha salarial de género en diferentes sectores o regiones.

3.2. Metodología

La metodología de una auditoría retributiva y de valoración de puestos de trabajo con perspectiva de género resulta fundamental para garantizar la eficacia y objetividad en el análisis y planteamiento de los planes de igualdad.

NOTA

La implementación de una metodología adecuada no solo facilita el cumplimiento normativo, sino que permite identificar y abordar las desigualdades de manera estructural dentro de la organización.

Los pasos que tener en cuenta para desarrollar un proceso metodológico riguroso y adaptado a las necesidades específicas de cada organización son los siguientes:

- **Planificación y definición del alcance:** el primer paso en la metodología es la planificación, que incluye la definición precisa del alcance del proceso. Esto implica determinar qué áreas de la organización serán objeto de la auditoría y valoración. Se debe considerar la inclusión de todos los departamentos, niveles jerárquicos y unidades operativas para asegurar una visión global e inclusiva del análisis. Además, es fundamental involucrar a las partes interesadas desde el inicio, como comités de igualdad, líderes de recursos humanos, representantes de los trabajadores y expertos en igualdad de género, para garantizar un enfoque colaborativo y participativo.
- **Recopilación de datos:** la segunda fase consiste en la recopilación de datos. Estos deben ser cuantitativos, como salarios por categoría y género, y cualitativos, tales como descripciones de funciones y entrevistas con el personal. Es importante garantizar que los datos recopilados sean precisos, actualizados y pertinentes para cada puesto de trabajo, así como desagregados por sexo para facilitar la identificación de posibles brechas.
- **Análisis de la información recogida:** una vez recopilados los datos, el análisis debe realizarse con atención a las diferencias de género en la remuneración, roles y avances laborales. Los métodos estadísticos, como el análisis de regresión, ayudan a identificar patrones y determinar la existencia de inequidades salariales. Asimismo, las técnicas cualitativas permiten comprender mejor las barreras no cuantificables que pueden afectar a la equidad, como las percepciones de valía del trabajo, la cultura organizacional y el acceso a oportunidades de desarrollo profesional.

- **Evaluación y valoración de puestos de trabajo:** se trata de asignar valor a cada puesto partiendo de criterios equitativos, para lo cual se utilizan sistemas de clasificación de empleos que descomponen los puestos en factores relacionados con habilidades, responsabilidades, condiciones de trabajo, y exigencias físicas y mentales. Es crucial que la evaluación sea objetiva y que los factores de valoración sean revisados y ponderados para mitigar sesgos de género que podrían restar valor a capacidades tradicionalmente asociadas a roles femeninos.

- **Identificación de desigualdades retributivas:** la identificación de desigualdades retributivas es un eje crucial del proceso. Esto incluye la detección de brechas salariales directas e indirectas, provenientes tanto de la estructura salarial de la organización, como de desigualdades más sutiles, tales como bonificaciones discrecionales o acceso desigual a beneficios. Proporciona un análisis detallado sobre cómo estas prácticas contribuyen a la desigualdad de género y se enfoca en medidas correctivas para eliminar esas disparidades.

- **Formulación de propuestas:** una vez analizada toda la información y documentación, es necesario formular las propuestas de mejora. Este paso implica diseñar un plan de acción que oriente a la organización en la implementación de medidas correctivas y preventivas. Las propuestas deben priorizar la equidad salarial, la transparencia en las políticas de pago y la creación de oportunidades para cerrar brechas de género. Asimismo, se sugiere la implementación de indicadores de seguimiento y evaluación continua, con el fin de monitorizar los avances y ajustar las estrategias según sea necesario.

- **Implementación del plan de igualdad:** el proceso de implementación debe ser enfocado y estructurado, considerando la definición de roles y responsabilidades claras, así como un cronograma detallado que garantice que todas las acciones se lleven a cabo en los tiempos acordados. Además, es fundamental establecer mecanismos de comunicación eficaces que informen de manera continua sobre el progreso de las medidas implementadas y fomenten la participación de todo el personal en la promoción de la equidad de género en la organización.

- **Revisión y seguimiento:** una vez terminada la implementación del plan, es vital establecer un proceso sistemático de revisión y seguimiento. Esto implica la realización de auditorías periódicas para garantizar el cumplimiento con los estándares de igualdad y ajustar cualquier aspecto del plan que no esté funcionando como se esperaba. También incluye la capacidad de reaccionar de manera proactiva ante cambios organizacionales que puedan afectar las condiciones salariales, tales como reestructuraciones o expansiones, que a menudo pueden introducir nuevas inequidades.

- **Formación y sensibilización:** finalmente, la metodología debe integrar programas de formación continua que fomenten un ambiente laboral inclusivo y consciente sobre la igualdad de género. Estos programas deben ser accesibles a todo el personal e incluir cuestiones como sesgos inconscientes, liderazgo inclusivo y prácticas de comunicación asertiva. Fomentar la cultura de la igualdad requiere el compromiso activo de todos los niveles de la organización, desde la alta dirección hasta la plantilla de base, cultivando un ambiente de respeto y valorización de la diversidad.

3.3. Herramientas y recursos

En la implementación de cualquier proyecto relacionado con la igualdad de género, particularmente en la elaboración de planes de igualdad y auditoría retributiva, es crucial contar con un conjunto de herramientas y recursos que no solo faciliten el proceso, sino que también aseguren un enfoque meticuloso y efectivo.

Herramientas para la recolección y análisis de datos

Uno de los primeros pasos en el desarrollo de un plan de igualdad es la recolección exhaustiva de datos. Algunas herramientas son:

Encuestas y cuestionarios	- Herramientas como *SurveyMonkey* o *Google Forms* permiten la creación y la distribución de encuestas específicas que pueden evaluar la percepción de género en el lugar de trabajo. Deben diseñarse con preguntas que identifiquen posibles disparidades de género en responsabilidades, satisfacción laboral, oportunidades de desarrollo, entre otros.
***Software* de gestión de datos**	- Soluciones como *Microsoft Excel, SPSS* o *Tableau* ofrecen capacidades robustas para analizar los datos recolectados. Estos programas brindan la posibilidad de utilizar funciones estadísticas avanzadas para identificar patrones de disparidad y correlaciones en función del género.
Bases de datos	- Herramientas como *Access* o las capacidades de bases de datos relacionales en Python son útiles para almacenar grandes volúmenes de datos, lo que permite un manejo más eficaz y la integración de múltiples fuentes de datos.

Herramientas de evaluación de la equidad salarial

Evaluar las retribuciones salariales desde una perspectiva de género requiere herramientas específicas que ayuden a determinar cualquier brecha de pago injustificada:

- **Herramientas de comparación salarial:** herramientas como *PayScale* o *Glassdoor* pueden proporcionar comparativas salariales referenciadas por sectores específicos, permitiendo entender si los salarios de una organización están alineados con los promedios del mercado y detectando sesgos inconscientes en la estructura salarial.
- *Software* **para auditorías retributivas:** plataformas como *TalentGuard* ofrecen funcionalidades para realizar auditorías retributivas en profundidad, permitiendo la comparación interna de sueldos y beneficios entre roles equivalentes, identificando prácticas sistemáticas que conllevan desigualdades.
- **Herramientas de simulación de retribuciones:** programas que permiten simular diversos escenarios de retribución, evaluando los posibles impactos de diferentes estructuras salariales sobre la equidad de género. Por ejemplo, *CompAnalyst*, una plataforma que permite simular escenarios salariales considerando variables como el género, la experiencia y el desempeño. Con esta herramienta, una empresa podría ajustar su estructura salarial para reducir brechas de género, evaluando el impacto de aumentos específicos o reajustes en ciertos niveles jerárquicos.

 PARA SABER MÁS

Puedes acceder a las distintas herramientas de evaluación desde aquí:

PayScale	Glassdoor
https://redirectoronline.com/ctri00050210	*https://redirectoronline.com/ctri00050211*

Continúa en página siguiente >>

[88]

<< Viene de página anterior

TalentGuard	**CompAnalyst**

https://redirectoronline.com/ctri00050212	*https://redirectoronline.com/ctri00050213*

 EJEMPLO

A continuación, vamos a ver un ejemplo de cálculo como si usáramos *CompAnalyst:*

Una empresa de servicios financieros con 300 trabajadoras/es decide utilizar *CompAnalyst* para analizar la equidad salarial y evaluar posibles ajustes en su política retributiva. Tras cargar los datos salariales desagregados por sexo, puesto, nivel de experiencia y desempeño, la herramienta genera los siguientes hallazgos:

Diagnóstico inicial:

Brecha salarial promedio: las mujeres ganan un 8 % menos que los hombres en roles equivalentes dentro de los niveles técnicos.

Distribución por sexo: solo el 30 % de los puestos de supervisión están ocupados por mujeres, mientras que, en niveles administrativos, representan el 70 %.

Simulación de escenario 1:

La empresa decide evaluar el impacto de igualar los salarios base entre hombres y mujeres en roles equivalentes. La herramienta simula un aumento salarial promedio del 8 % para las mujeres en estos roles, calculando un coste total

Continúa en página siguiente >>

<< Viene de página anterior

de 120.000 € anuales. Este ajuste reduce la brecha salarial al 0 % en puestos técnicos.

Simulación de escenario 2:

La organización analiza la creación de un programa de promoción interna para aumentar la representación de mujeres en roles de supervisión. Según la simulación, al promover al 10 % de las mujeres con mejor desempeño en roles técnicos a puestos de supervisión, la representación femenina en supervisión sube al 40 %. Este ajuste incrementa el coste salarial en 50.000 €, pero mejora significativamente la equidad en oportunidades de liderazgo.

Informe final:

CompAnalyst proporciona un informe que detalla los impactos de ambas medidas:

La combinación de ajustes salariales y promoción interna no solo cierra la brecha salarial en los roles técnicos, sino que también mejora la percepción de equidad y motiva a las trabajadoras a permanecer en la empresa.

El coste total de implementación sería de 170.00 €, pero se compensa con una mejora proyectada del 15 % en retención y compromiso de las trabajadoras/es.

Este tipo de simulación permite a la empresa tomar decisiones estratégicas, priorizando acciones de mayor impacto en la equidad de género.

Recursos para la evaluación de puestos de trabajo

La valoración de puestos de trabajo también puede llevarse a cabo mediante diversas herramientas de evaluación estructural:

- ⮥ **Métodos de puntuación de trabajo:** sistemas como el método por puntos que permite analizar el valor de un puesto a través de diversas características como competencia, esfuerzo, responsabilidad y condiciones de trabajo, siempre teniendo en cuenta la perspectiva de género.
- ⮥ ***Software* de evaluación laboral:** herramientas digitales que automatizan la evaluación de los puestos de trabajo basándose en criterios previamente establecidos pueden incrementar la objetividad y reducir prejuicios inherentes en las evaluaciones manuales.

Recursos didácticos y capacitación

Formar a la plantilla en cuanto a igualdad de género también requiere recursos específicos:

- **Cursos *online*:** plataformas como *Coursera* o *LinkedIn Learning* ofrecen cursos sobre diversidad, equidad e inclusión diseñados para mejorar la comprensión de las cuestiones de género en el entorno laboral.
- ***Workshops* y seminarios:** la organización de talleres interactivos y seminarios puede facilitar el entendimiento y la sensibilización sobre la igualdad de género. Son espacios ideales para discutir normativas, compartir mejor prácticas y resolver dudas.

Recursos normativos y de legislación

Para garantizar la alineación del plan de igualdad con las normativas vigentes:

- **Guías y documentos legislativos:** disponer de publicaciones actualizadas sobre la legislación de igualdad de género, así como las directrices de la Unión Europea.
- **Consultoría jurídica:** tener acceso a servicios de asesoría legal que puedan clarificar las obligaciones normativas y la implementación de medidas correctivas conforme a las leyes de igualdad.

Herramientas para el seguimiento y la evaluación

Finalmente, para garantizar que el plan de igualdad esté produciendo los resultados deseados:

- **Indicadores clave de rendimiento (KPI):** herramientas que ayudan a seleccionar e interpretar KPI específicos para monitorear el progreso hacia la igualdad de género en la organización.
- **Paneles de control:** *software* de gestión como *Power BI* ofrece capacidades de seguimiento en tiempo real mediante paneles de control visuales y analíticos que muestran el avance hacia los objetivos de equidad.
- **Informes de progreso:** herramientas de generación de informes automáticos para presentar de forma clara el estado del proyecto, las acciones puestas en práctica y los resultados obtenidos.

4. Descripción de la auditoría retributiva y registro retributivo

👉 HILO CONDUCTOR

En Conexia Global, S. L., como parte de su compromiso con la igualdad y equidad de género, llevaron a cabo una auditoría retributiva y un registro retributivo para garantizar una política salarial transparente. Este proceso implicó un análisis exhaustivo de todos los componentes salariales, desde los salarios base hasta los beneficios sociales. Utilizaron herramientas especializadas, para así evaluar de manera crítica los criterios de compensación, ajustando aquellas disparidades no justificadas por razones objetivas. Con esta auditoría, Conexia Global S. L. intenta convertirse en una empresa cada vez más inclusiva.

La auditoría retributiva es un proceso meticuloso que requiere una revisión exhaustiva de la política de compensación económica dentro de una entidad, entendiendo que el fin último es asegurar que no exista discriminación salarial por razón de género.

Este proceso conlleva el análisis de todos los instrumentos y criterios que determinan el sistema retributivo de la empresa, por lo que debe ser detallado partiendo del conjunto de medidas retributivas implementadas hasta su ejecución y efectos prácticos, incluyendo salarios base, complementos salariales, beneficios sociales y cualquier otro tipo de remuneración implícita o explícita.

Además, se debe abordar una **valoración crítica** de los **puestos de trabajo,** con el objetivo de justificar cualquier diferencia salarial existente a partir de criterios objetivos, y evitar así caer en diferencias injustificadas. Del mismo modo, a través de una gestión transparente y equitativa de las retribuciones, las empresas pueden fomentar un ambiente de trabajo más justo e inclusivo, lo cual no solo incrementa la moral de la plantilla, sino que también mejora la competitividad y el atractivo de la organización en el mercado laboral.

Para ello, es importante tener en cuenta los siguientes elementos en relación con la auditoría retributiva:

Registro retributivo

Fases de la auditoría retributiva

PARA SABER MÁS

Escanea el siguiente QR para acceder a una guía que contiene una herramienta en formato *Excel* para realizar de forma más sencilla los registros retributivos:

https://redirectoronline.com/ctri00050205

4.1. Conceptos básicos

En el camino hacia la consecución de la igualdad de género dentro del ámbito laboral, los conceptos básicos relacionados con la auditoría retributiva y la valoración de puestos de trabajo resultan esenciales para entender y abordar las desigualdades salariales persistentes. Los conceptos más relevantes en este ámbito son:

- ⮑ **Auditoría retributiva:** instrumento diseñado para analizar en profundidad las retribuciones dentro de una empresa, identificando posibles diferencias salariales injustificadas entre hombres y mujeres. La auditoría examina factores y criterios que determinan la remuneración, desde el salario base hasta los complementos salariales y extrasalariales, incluyendo elementos como la antigüedad, la responsabilidad, la penosidad o la peligrosidad del trabajo. Es crucial comprender que las diferencias salariales no siempre se evidencian de manera directa, de ahí la importancia de una revisión exhaustiva que contemple todos los aspectos retributivos. La auditoría retributiva se desarrolla en varias fases:

  1. Se debe realizar una recopilación de datos cuantitativos y cualitativos sobre la política retributiva de la entidad, incluyendo la descripción y la remuneración de los diferentes puestos, y la distribución de trabajadores por sexo en cada posición.
  2. Una vez recopilada la información, sigue un análisis exhaustivo de los datos, lo que permite la identificación de cualquier diferencia

retributiva no justificada por motivos objetivos. Esto exige realizar comparativas tanto horizontales como verticales, para identificar posibles sesgos de género en equivalentes de categoría o nivel dentro de la organización.

3. Acabado el análisis, se procede a la elaboración del informe de la auditoría retributiva, documento donde se detalla el diagnóstico de la situación retributiva y se proponen medidas correctoras. Estas acciones suelen incluir la revisión y posible reestructuración de las políticas salariales, la formación en equidad salarial para el personal encargado de estos procesos y, en algunos casos, los reajustes en las categorías profesionales para salvaguardar la equidad retributiva.

4. Se debe realizar con periodicidad. La reevaluación continua de las políticas y prácticas retributivas asegura que cualquier evolución o ajuste económico se alinee con los objetivos de igualdad de género. Las auditorías no deben ser un ejercicio excepcional, sino una herramienta de gestión periódica que permita el monitoreo constante.

⮥ **Registro retributivo:** este registro implica la recopilación y sistematización de las cuantías promedio de los salarios, los complementos salariales y las percepciones extrasalariales de la plantilla, desagregadas por sexo. Este registro no solo facilita la identificación de las brechas salariales, sino que constituye un punto de referencia para avanzar hacia políticas y prácticas salariales más equitativas.

⮥ **Valoración de los puestos de trabajo:** este proceso implica la evaluación sistemática de un puesto de trabajo en relación con otros dentro de la misma organización, analizando factores como las responsabilidades inherentes al cargo, las habilidades requeridas, las condiciones de trabajo y el nivel de autonomía. Realizada con perspectiva de género, ayuda a neutralizar sesgos históricos que pueden infraestimar las habilidades vinculadas tradicionalmente al trabajo femenino.

⮥ **Brecha salarial de género:** se presenta cuando existe una diferencia en la remuneración promedio entre hombres y mujeres que no puede justificarse por factores relacionados con el rendimiento, la experiencia o la naturaleza del trabajo. Puede ser consecuencia de una serie de factores, incluyendo la segregación ocupacional, donde las mujeres y los hombres se concentran en diferentes tipos de trabajos o sectores laborales que tienen diferentes niveles de remuneración.

⮥ **Evaluación del desempeño:** la existencia de sesgos implícitos en la evaluación, que favorecen a un género sobre otro, debe ser identificada y erradicada para garantizar que las recompensas y ascensos se distribuyan de manera justa en la organización.

⮥ **Techo de cristal:** se refiere a las barreras invisibles pero existentes que impiden que las mujeres accedan a puestos de alta dirección o liderazgo en las organizaciones. Estas barreras pueden ser culturales, organizacionales o individuales, y deben ser identificadas y desafiadas como parte de un plan integral de igualdad de género.

○ **Políticas de conciliación y corresponsabilidad:** estas políticas buscan facilitar un equilibrio entre la vida laboral y personal de los empleados, promoviendo un reparto más equitativo de las responsabilidades familiares entre hombres y mujeres, lo cual es esencial para prevenir que las responsabilidades de cuidado impidan la plena participación de las mujeres en el entorno laboral.

○ **Cultura organizacional:** una cultura inclusiva y comprometida con la equidad de género es aquella que fomenta un ambiente de trabajo donde todas las personas se sientan valoradas y respetadas, con igualdad de oportunidades para crecer y desarrollarse profesionalmente.

 **EJEMPLO**

Un ejemplo práctico de techo de cristal se puede observar en una empresa multinacional, en la cual, aunque las mujeres representan el 60 % de la plantilla y ocupan la mayoría de los puestos de nivel medio, solo el 5 % de los cargos directivos está ocupado por ellas. A pesar de tener la misma preparación y experiencia que los hombres, chocan con barreras invisibles, como la falta de oportunidades de promoción, los sesgos inconscientes en la evaluación de su desempeño y la ausencia de políticas que promuevan la conciliación laboral, familiar y personal. Este fenómeno evidencia cómo los prejuicios y las estructuras organizacionales limitan el acceso de las mujeres a roles de mayor responsabilidad dentro de las empresas.

 **APLICACIÓN PRÁCTICA**

Laura, trabajadora de Conexia Global S. L., está aprendiendo acerca de las distintas herramientas para la implementación de un plan de igualdad. Ahora mismo, no tiene muy claro a qué herramienta se hace referencia cuando se habla de "la evaluación sistemática de un puesto de trabajo en relación con otros dentro de la misma organización, analizando factores como las responsabilidades inherentes al cargo, las habilidades requeridas, las condiciones de trabajo y el nivel de autonomía". Indica el concepto correcto.

Continúa en página siguiente >>

<< Viene de página anterior

Solución

La valoración de los puestos de trabajo implica la evaluación sistemática de un puesto de trabajo en relación con otros dentro de la misma organización, analizando factores como las responsabilidades inherentes al cargo, las habilidades requeridas, las condiciones de trabajo y el nivel de autonomía. Realizada con perspectiva de género, ayuda a neutralizar sesgos históricos que pueden infraestimar las habilidades vinculadas tradicionalmente al trabajo femenino.

4.2. Cálculo de la brecha

La **brecha salarial de género** es un concepto que mide la diferencia en los ingresos percibidos por hombres y mujeres dentro de un ámbito laboral específico. Para calcular correctamente la brecha salarial se debe tener en cuenta:

➲ **Composición y método de cálculo:** el cálculo de la brecha salarial requiere la recopilación, comparación y análisis de datos salariales desglosados por género. Este proceso comienza con la definición precisa de lo que se tomará como salario, el cual puede incluir sueldos base, bonificaciones, beneficios adicionales, entre otros elementos retributivos. El objetivo es obtener un panorama amplio y preciso de las ganancias totales percibidas por ambos géneros. El método más comúnmente utilizado para calcular la brecha salarial es el cálculo de la brecha salarial promedio aritmética. La fórmula básica es:

$$\text{Brecha Salarial (\%)} = \frac{\text{Salario Medio de Hombres} - \text{Salario Medio de Mujeres}}{\text{Salario Medio de Hombres}} \times 100$$

Esta fórmula proporciona una visión general y accesible de la brecha de ingresos, pero no es la única ni siempre la más precisa, ya que puede obviar estructuras salariales complejas. Para abordar esta limitación, se emplean otras metodologías, como el análisis de la mediana salarial, que, al ser menos influenciado por valores atípicos, puede ofrecer una mejor medida central de las retribuciones salariales.

➲ **Consideraciones clave:** al abordar el cálculo de la brecha salarial, es indispensable tener en cuenta diversas consideraciones para asegurar la validez y utilidad de los resultados:

‣ **Segmentación por sectores y niveles ocupacionales:** analizar la brecha salarial por industria y nivel ocupacional permite identificar áreas con mayores disparidades. Dado que cada sector económico y nivel ocupacional tiene características distintas en cuanto a retribuciones y roles de género, abordar el análisis de forma más desagregada facilita comprender variaciones y elaborar estrategias específicas.

‣ **Factores de ajuste:** es esencial ajustar el cálculo estadístico para controlar por factores que pueden sesgar los resultados, como la experiencia, el nivel educativo y las horas trabajadas, entre otros. Estos ajustes permiten evaluar cuánto de la brecha se debe a diferencias en características individuales y cuánto a factores asociados a la discriminación de género.

‣ **Períodos:** monitorizar la brecha salarial en diversos períodos permite observar patrones en el tiempo y evaluar el impacto de políticas públicas o cambios económicos. Es posible que la brecha fluctúe en respuesta a nuevos decretos, leyes o cambios en la estructura del mercado laboral.

➲ **Análisis cuantitativo y cualitativo:** es muy importante trabajar con variables tanto cuantitativas como cualitativas, porque las cifras en sí mismas no siempre cuentan toda la historia que hay detrás de la desigualdad retributiva de género. Por ello, es crucial que las empresas acompañen los datos numéricos con un análisis cualitativo que explore los distintos factores culturales, sociales y organizacionales implicados:

‣ **Estudios de caso y evaluación directa:** algunos casos específicos dentro de una empresa pueden proporcionar un contexto ilustrativo y detallado del funcionamiento de las brechas salariales, permitiendo que las voces de las y los trabajadores formen parte del análisis.

‣ **Encuestas y grupos focales:** las encuestas estructuradas y los grupos focales pueden recolectar información sobre percepciones de desigualdad y obstáculos sistémicos que perpetúan la brecha salarial, permitiendo identificar prejuicios, estigmas o prácticas laborales que de otro modo podrían pasar desapercibidos.

‣ **Entorno de trabajo y políticas de género:** evaluar la cultura organizacional, las políticas de ascenso, las promociones y la flexibilidad laboral puede revelar actitudes que indirectamente intensifican o mitigan las desigualdades salariales de género.

➲ **Recomendaciones para un cálculo preciso:** para mejorar la precisión en el cálculo de la brecha salarial, las organizaciones deben considerar varias prácticas recomendadas:

◊ **Datos actualizados y pertinentes:** recoger y evaluar datos recientes y de fuentes confiables. Los datos deben actualizarse regularmente para reflejar la situación del mercado laboral en ese momento.

◊ **Transparencia y claridad:** garantizar que todas las personas involucradas comprendan los métodos y criterios de cálculo establecidos, promoviendo una cultura de transparencia que permita la revisión y participación constructiva.

◊ **Formación continua:** capacitar a las personas responsables del cálculo de la brecha en técnicas de análisis estadístico y metodologías contemporáneas, revisando continuamente las estrategias y criterios adoptados para garantizar su relevancia y adecuación.

◊ **Innovación tecnológica:** implementar herramientas avanzadas para la gestión y análisis de datos, recurriendo a la inteligencia artificial y al *machine learning* para identificar patrones y predecir tendencias en desigualdades salariales.

 TAREA 3

En Conexia Tech S. L. trabajan 20 personas, 10 hombres y 10 mujeres. Al realizar el análisis de las retribuciones, se observa que los hombres tienen un salario promedio mensual de 2.200 €, mientras que las mujeres ganan un promedio mensual de 1.900 €. La dirección quiere calcular la brecha salarial para comprender la magnitud de la diferencia y decidir las medidas necesarias para corregirla.

Calcula la brecha salarial y propón una posible medida.

4.3. Herramientas y recursos

En el contexto de la implementación de planes de igualdad, es fundamental contar con herramientas y recursos efectivos que permitan llevar a cabo una auditoría retributiva y la valoración de puestos de trabajo con perspectiva de género.

La identificación y selección de estas herramientas no solo facilitan el proceso de diagnóstico y análisis, sino que también aseguran que los resultados obtenidos sean sustantivos y relevantes para cumplir con los objetivos de la igualdad de género.

Algunas de las herramientas y recursos más relevantes son:

- ⮑ *Software* **de análisis retributivo:** el uso de *software* especializado se vuelve indispensable. Herramientas como *SPSS* y *R* destacan en el análisis estadístico de los datos retributivos, permitiendo identificar patrones y tendencias relacionados con desigualdades salariales basadas en el género. Por otro lado, herramientas específicas, como el protocolo de auditoría retributiva o *software* ECM *(Extension of Classification Master),* pueden facilitar el análisis retributivo desagregado por género y permitir una visión más clara de las áreas de mejora. Estos programas permiten automatizar cálculos complejos que consideran múltiples parámetros retributivos y cruzan datos demográficos y laborales con información salarial.

- ⮑ **Métodos y técnicas de valoración de puestos de trabajo**: la valoración de los puestos de trabajo con perspectiva de género es fundamental para asegurar que las responsabilidades y competencias asociadas a un cargo se compensen equitativamente, sin sesgos de género. Métodos como la evaluación analítica y el análisis de factores son esenciales para este propósito.

  La evaluación analítica se centra en descomponer el puesto de trabajo en factores clave, como habilidades, responsabilidades, esfuerzo y condiciones laborales. Estos factores se valoran individualmente, asegurando que no se infravaloren características más comúnmente vinculadas a roles tradicionalmente femeninos. La aplicación de técnicas ponderadas permite realizar comparaciones de manera más objetiva, con lo cual se eleva la transparencia del proceso.

- ⮑ **Guías y protocolos:** documentos como la *Guía para la igualdad retributiva,* del Instituto de la Mujer, proporcionan un marco conceptual y práctico para llevar a cabo estos procesos. Estos recursos incluyen descripciones detalladas de los pasos que seguir, ejemplos concretos de interpretación de datos retributivos con perspectiva de género y estrategias para abordar resistencias organizacionales.

- ⮑ **Formación y capacitación continua:** la formación del personal encargado de ejecutar estas auditorías y valoraciones es imperativa. A menudo, los cursos de sensibilización y capacitación sobre igualdad de género son fundamentales. Los programas de *e-learning,* plataformas de webinarios y *workshops* interactivos sobre igualdad de género y auditorías retributivas refuerzan las capacidades del personal y promueven un entendimiento más profundo de estas prácticas. La disponibilidad de recursos en línea también permite un acceso conveniente a materiales didácticos clave.

- ⮑ **Redes de colaboración y alianza:** la creación de redes y el uso de alianzas estratégicas con entidades tanto públicas como privadas pueden amplificar los recursos disponibles. La interacción con organizaciones de igualdad, las cámaras de comercio, los sindicatos y las asociaciones profesionales de recursos humanos puede ofrecer valiosos recursos y apoyo técnico. Este enfoque colaborativo permite compartir experiencias y aprender de mejores prácticas.

- **Tecnologías de información y comunicación (TIC):** las TIC también juegan un papel preponderante en la implementación eficiente de los planes de igualdad. Las plataformas de gestión de la información, como SAP o Workday, integran módulos específicos de equidad de género que facilitan la supervisión de los indicadores más allá del simple seguimiento salarial. El uso de estos sistemas asegura transparencia en la gestión de procesos retributivos y de promoción interna, y ayudan a detectar y corregir brechas en tiempo real.

- **Herramientas de comunicación y concienciación interna:** la comunicación interna es crucial para sensibilizar y concienciar sobre la equidad de género. Las herramientas de gestión del cambio como *newsletters* informativos, reuniones participativas y campañas internas de comunicación pueden desempeñar un papel vital en la transformación cultural de las organizaciones.

- **Indicadores y métricas de seguimiento:** el monitoreo constante mediante indicadores y métricas adaptadas es indispensable para evaluar los avances logrados. La elección de indicadores claros que reflejen las mejoras o desafíos en la compensación equitativa, oportunidades de promoción y representación femenina en roles directivos facilita un análisis continuo y a largo plazo.

 **EJEMPLO**

Un ejemplo de guía sería la siguiente. En ella se explica cómo realizar el registro salarial y calcular la brecha salarial. Accede desde aquí:

https://redirectoronline.com/ctri00050207

5. Detección de elementos clave para la obtención de la equidad en el trabajo

☞ HILO CONDUCTOR

En Conexia Global S. L. han buscado identificar y abordar los elementos clave que perpetuaban desigualdades en su organización. Detectaron barreras estructurales que limitaban el acceso de las mujeres a roles de mayor responsabilidad y oportunidades de desarrollo profesional. Para erradicar estas barreras, implementaron medidas como la formación en liderazgo para mujeres, procesos de selección equitativos y revisiones periódicas de políticas internas.

La búsqueda de la equidad en el entorno laboral requiere una aproximación meticulosa y considerada, especialmente al abordar la igualdad de género y las disparidades salariales. Los elementos clave que contribuyen significativamente a alcanzar la equidad en la remuneración y a elaborar planes de igualdad justos y efectivos en las organizaciones son los siguientes:

- **Comprensión profunda del contexto organizacional:** es necesario realizar un análisis holístico de la estructura organizativa en el cual se examinen las políticas internas, la cultura corporativa, las prácticas de contratación, la progresión de carreras y las políticas de remuneración. Un diagnóstico exhaustivo permitirá identificar dónde hay sesgos o brechas que puedan afectar a la equidad. Por ejemplo, en una empresa manufacturera, puede ser necesario evaluar prácticas que han favorecido a posiciones tradicionalmente ocupadas por hombres, evaluando si existen barreras para las mujeres en roles de gestión en planta.
- **Análisis de datos salariales y prácticas retributivas:** la auditoría retributiva es una herramienta crucial para detectar las desigualdades salariales. Debe incluir un análisis estadístico de las remuneraciones por género, controlando variables como la experiencia, el nivel educativo y la antigüedad. Por ejemplo, comparar los salarios de hombres y mujeres dentro de la misma categoría laboral en una empresa tecnológica puede revelar una brecha salarial del 15 % que no se justifica por diferencias en capacitación o experiencia.
- **Valoración equitativa de puestos de trabajo:** implica tener en cuenta no solo las habilidades técnicas y responsabilidades, sino también otros factores, como las condiciones de trabajo y la contribución al valor organizacional. Es crucial que el sistema de valoración esté diseñado con perspectiva de género, para evitar que se perpetúen roles estereotipa-

dos o se subestimen habilidades frecuentemente asociadas a un género específico. Por ejemplo, la función de asistencia administrativa, a menudo dominada por mujeres, debe ser evaluada considerando la complejidad y el impacto organizativo, en lugar de menospreciarse frente a tareas técnicas.

- **Identificación de estereotipos de género y sesgos implícitos:** los estereotipos de género y los sesgos implícitos son desafíos persistentes que pueden influir en procesos de toma de decisiones. Estos pueden manifestarse en evaluaciones de desempeño, oportunidades de capacitación, promociones y asignaciones de proyecto. Por ejemplo, un estudio interno podría revelar que las mujeres son menos propensas a ser promovidas a posiciones de liderazgo debido a percepciones tradicionales sobre estilo de liderazgo autoritario frente al colaborativo.

- **Implementación de políticas y prácticas inclusivas:** es de suma importancia incorporar políticas que promuevan la igualdad de oportunidades y condiciones de trabajo, como programas de mentoría, esquemas de apoyo a la conciliación laboral y personal, o la oferta de horarios flexibles. Estas políticas deben ser claramente comunicadas y diseñadas para beneficiar a todo el personal, sin sesgos de género. Por ejemplo, una política de trabajo flexible puede incluir días de teletrabajo o la posibilidad de ajustar el tiempo de trabajo según necesidades personales, con lo que se promueve un entorno más inclusivo.

- **Creación de un espacio para el diálogo y la mejora continua:** fomentar una cultura abierta en la que las opiniones y preocupaciones de los empleados pueden ser compartidas y escuchadas es crucial. La retroalimentación debe ser utilizada no solo para mejorar las condiciones actuales, sino también para inspirar nuevas iniciativas de diversidad e inclusión. Diseñar encuestas y sesiones de evaluación que puedan captar con precisión la experiencia y percepción de la plantilla con respecto a las prácticas internas es fundamental. Por ejemplo, implementar un comité de igualdad de género que se encargue de seguir vigentes estas prácticas y ajustar los planes conforme a las necesidades organizativas cambian.

- **Monitoreo y seguimiento de avances:** implica la creación de informes periódicos que evalúen el progreso hacia los objetivos de equidad establecidos por las auditarías y los planes de igualdad. Estos informes no solo deben centrarse en medir el éxito de las intervenciones implementadas, sino también en identificar nuevas áreas de mejora. Por ejemplo, un informe anual que resuma el cierre de brechas salariales y el progreso en la paridad de género en todos los niveles organizativos proporciona información valiosa para ajustar futuras estrategias.

5.1. Conceptos básicos de la equidad

El término *equidad* se refiere a la implementación de medidas que aseguren que todas las personas, independientemente de su sexo, puedan disfrutar de los mismos derechos, oportunidades y recursos en todos los aspectos de la vida. En particular, la equidad de género implica la eliminación de las barreras estructurales que a lo largo de la historia han perpetuado la desigualdad y la discriminación, principalmente en el ámbito laboral.

Para comprender mejor este concepto es importante tener en cuenta:

- **Equidad frente a Igualdad:** en muchas ocasiones son usados como sinónimos, indistintamente, aunque no significan lo mismo. La igualdad se centra en proporcionar las mismas condiciones a todas las personas sin distinción, lo que en algunos contextos puede ser insuficiente para garantizar resultados justos. Por otro lado, la equidad reconoce las diferencias y desigualdades inherentes, y propone ajustes específicos que permitan a todos alcanzar resultados similares.
- **Principios de la equidad en el trabajo:** estos principios son los siguientes:

  - **Igualdad de oportunidades:** implica la eliminación de barreras discriminatorias en el acceso a puestos de trabajo, promociones y desarrollos profesionales. Este principio asegura que la selección y la evaluación laboral se basen exclusivamente en el mérito y las capacidades de cada individuo.
  - **Igualdad salarial por trabajo de igual valor:** este principio se orienta a eliminar las diferencias salariales basadas en el género.
  - **Mecanismos de resolución de conflictos:** los procedimientos deben ser transparentes y justos, brindando a toda la plantilla un espacio donde puedan presentar quejas o comentarios sobre discriminación laboral sin temor a sufrir represalias.
  - **Perspectiva de género en políticas laborales:** las prácticas empresariales deben integrar un enfoque de género en su diseño y ejecución, desde políticas de contratación hasta programas de desarrollo laboral.

- **Instrumentos para promover la equidad:** para implementar la equidad de manera efectiva dentro de los entornos laborales, es crucial utilizar una variedad de herramientas y estrategias que consideren las necesidades y características únicas de cada grupo. Estos instrumentos incluyen:

  - **Auditorías retributivas:** un método sistemático para revisar las políticas salariales y prácticas de pago existentes, identificando brechas de género y desarrollando medidas correctivas.

- ○ **Valoración de puestos de trabajo con perspectiva de género:** una evaluación crítica de los roles empresariales que tiene en cuenta la importancia y el impacto de las tareas realizadas, evitando prejuicios que en todas las épocas han afectado a las mujeres.
- ○ **Planes de igualdad:** documentos estratégicos que fijan los objetivos de equidad dentro de una empresa, incluyendo acciones específicas para la promoción, implementación y seguimiento de la igualdad de género en el lugar de trabajo.

- ⮊ **Beneficios de alcanzar la equidad:** la implementación de medidas equitativas en el lugar de trabajo no solo fomenta un ambiente laboral justo, sino que también ofrece beneficios tangibles para las organizaciones:

  - ○ **Mejora en el clima laboral:** un entorno laboral justo y equitativo fomenta la cohesión entre empleados, resultando en mayor satisfacción y productividad.
  - ○ **Aumenta la diversidad y la creatividad:** las organizaciones que practican equidad consiguen una fuerza laboral diversa, lo cual promueve la creatividad y la innovación, al incorporar múltiples perspectivas y experiencias.
  - ○ **Adquisición y retención de talento:** un compromiso real con la equidad atrae talento de calidad dispuesto a comprometerse con empresas que valoran la justicia y la progresividad.
  - ○ **Cumplimiento legal:** asegurar que las políticas internas sean equitativas y sin sesgos protege a las organizaciones de posibles litigios y sanciones legales.

- ⮊ **Desafíos en la implementación de la equidad:** pese a los beneficios, aún existen barreras significativas para la consecución de la equidad en el ámbito laboral:

  - ○ **Cultura organizacional resistente al cambio:** las prácticas y mentalidades tradicionales pueden dificultar la aceptación de iniciativas equitativas.
  - ○ **Falta de capacidad y sensibilización:** la ausencia de conocimientos sobre cómo aplicar adecuadamente políticas equitativas puede llevar a implementaciones fallidas o superficiales.
  - ○ **Invisibilidad de la discriminación sutil:** conductas y normas culturales implícitas que benefician a un género sobre otro y que pueden pasar desapercibidas.
  - ○ **Recursos limitados:** las empresas pueden sufrir limitaciones presupuestarias y falta de personal especializado para llevar a cabo investigaciones y medidas correctivas exhaustivas.

⟴ **Hacia un futuro equitativo:** para avanzar hacia un futuro en el que la equidad sea una norma irrefutable, es vital una colaboración continua entre los Gobiernos, las organizaciones y la comunidad. Debe incentivarse el desarrollo de políticas más inclusivas y las capacitaciones acerca de los derechos y responsabilidades de todos los actores involucrados. Construir espacios de diálogo y reflexión colectiva puede resultar clave para diseñar e implementar programas que verdaderamente reflejen y respeten la diversidad de la sociedad moderna.

 **VÍDEO**

En el siguiente vídeo se relaciona la justicia social con la equidad y la igualdad. Se muestra cómo pueden ser usados como sinónimos, pero sin significar lo mismo. Accede desde aquí:

https://redirectoronline.com/ctri00050208

5.2. Detección de desigualdades

La detección de desigualdades en el ámbito laboral es fundamental para avanzar hacia la equidad de género y asegurar un entorno de trabajo justo e inclusivo. Las desigualdades pueden manifestarse de diversas formas y en diferentes áreas de la organización. Pueden ser explícitas, como la diferencia directa en los sueldos para puestos similares, o más sutiles, como la falta de oportunidades de promoción para un determinado grupo.

De allí la importancia de contar con herramientas adecuadas que permitan desentrañar estas disparidades. Por ello, para poder conocer y detectar las desigualdades se debe tener en cuenta:

⮚ **Desigualdad salarial:** la desigualdad salarial de género es quizás la forma más visible y cuantificable de disparidad en el lugar de trabajo. Para detectarla, es esencial llevar a cabo una auditoría salarial que evalúe las diferencias en la remuneración de los empleados. Este proceso implica recopilar y analizar datos sobre salarios desglosados por género, nivel jerárquico, área funcional, entre otros criterios relevantes. Pero la auditoría va más allá de los datos numéricos, también requiere una exploración cualitativa para comprender las razones subyacentes que hay detrás de las diferencias salariales. Esto podría incluir una revisión de las políticas de compensación, los procesos de negociación salarial o la cultura organizacional que puede influir en las compensaciones recibidas por diferentes géneros.

⮚ **Brechas de promoción y representación:** la falta de igualdad en las oportunidades de promoción y representación en altos puestos ejecutivos es otra área crítica en la que puede existir desigualdad de género. Un análisis de estos aspectos puede revelarse revisando las proporciones de hombres y mujeres en diferentes niveles de la jerarquía organizativa. Por ejemplo, una proporción significativamente baja de mujeres en posiciones de liderazgo comparada con su presencia en niveles de entrada podría indicar una brecha de promoción. Para detectar estas desigualdades, se pueden realizar entrevistas, encuestas y grupos focales que busquen entender las experiencias de las y los trabajadores en términos de desarrollo profesional y avances en la carrera.

⮚ **Evaluación de tareas y roles:** este proceso debe considerar con objetividad las habilidades, responsabilidades y condiciones de trabajo, despojándose de cualquier sesgo de género que tienda a subestimar el rol de las mujeres. Los sesgos implícitos podrían, por ejemplo, llevar a que a las tareas tradicionalmente realizadas por mujeres, como las relacionadas con el cuidado o la administración, se les otorgue menos valor que aquellas dominadas por hombres, a pesar de tener el mismo nivel de complejidad o impacto en el negocio. Para abordar esto, la organización puede adoptar sistemas de evaluación basados en competencias que destaquen habilidades no visibilizadas tradicionalmente, como habilidades interpersonales, muchas veces predominantes entre empleadas mujeres. A través del diseño de criterios claros y universales para la evaluación de puestos, las organizaciones podrán asegurar una mejor alineación de sus políticas salariales y de reconocimiento con los valores de igualdad de género.

⮚ **Análisis de la cultura organizacional:** una cultura organizacional inclusiva es clave para garantizar la equidad de género. La detección de desigualdades también se extiende hacia la identificación de dinámicas culturales que puedan perpetuar las diferencias de género. La cultura organizacional, muchas veces implícita, puede no solo influir en los salarios y promociones, sino también en la percepción de valor y pertenencia de las y los trabajadores. Para identificar y reconstruir estos elementos, es útil medir la percepción del ambiente laboral, a través de encuestas anónimas y entrevistas personales que reflejen el sentir y la experiencia diaria de los empleados. Los factores culturales que considerar son los estereotipos de género, las normas de comportamiento no escritas o las expectativas de roles que pueden desfavorecer a ciertos grupos.

- **Implementación de normativas y políticas:** la detección de desigualdades también implica revisar y adecuar las políticas y normativas internas de la empresa. Es crucial realizar un análisis exhaustivo de las políticas vigentes para identificar posibles áreas de mejora y asegurarse de que incorporen principios de equidad y no discriminación. Mediante la obtención de un diagnóstico profundo y pormenorizado a través de estas diferentes tácticas, la organización podrá desarrollar planes de acción más efectivos que aborden las desigualdades identificadas, fomentando un ambiente laboral más justo e igualitario. Esta detección de desigualdades, a su vez, refuerza y complementa el compromiso de las organizaciones con los conceptos básicos de equidad previamente discutidos.

 PARA SABER MÁS

Escanea el código QR para acceder a un artículo en el que se estudian las desigualdades y discriminaciones en el mercado laboral de una comunidad autónoma concreta:

https://redirectoronline.com/ctri00050209

5.3. Metodología y estrategia para reducirla

La detección de desigualdades en el ámbito laboral, específicamente en la remuneración y valoración de puestos de trabajo, es solo el primer paso hacia la construcción de un entorno profesional más equitativo. Una vez identificadas estas desigualdades, es crucial que las organizaciones adopten una metodología y estrategias efectivas para reducirlas y, en última instancia, eliminarlas.

Este enfoque no solo promueve la justicia social y la cohesión dentro del lugar de trabajo, sino que también tiene beneficios tangibles en la productividad y la imagen corporativa de la organización. Algunos de estos beneficios son los siguientes:

- **Diagnóstico y análisis de la situación actual:** el primer paso en la metodología para reducir las desigualdades retributivas es realizar un diagnóstico exhaustivo de la situación en ese momento. Este diagnóstico debe incluir un análisis detallado de los datos salariales disponibles, desglosados por género, y un examen de las políticas y prácticas actuales en materia de contratación, promociones y aumentos salariales. Utilizar herramientas avanzadas como auditorías retributivas o *software* de análisis de datos puede ayudar a las empresas a identificar disparidades salariales que no son inmediatamente evidentes.
- **Compromiso de la dirección:** el papel de la dirección es fundamental en cualquier intento de reducir las desigualdades. Sin el compromiso de los líderes de la empresa, cualquier esfuerzo por promover la equidad salarial será insuficiente. La dirección debe estar dispuesta a reconocer la existencia de disparidades y comprometerse activamente a implementar políticas para abordarlas.
- **Desarrollo de políticas y procedimientos transparentes:** las organizaciones deben desarrollar políticas y procedimientos claros respecto a las prácticas de compensación y valoración de puestos de trabajo, asegurándose de que todas las decisiones sean comunicadas de manera abierta y honesta. La publicación de escalas salariales, los criterios de promoción y bonificación, y la realización de sesiones informativas regulares para el personal pueden fomentar un ambiente de confianza. Las políticas deben diseñarse para garantizar que las evaluaciones de rendimiento y las decisiones de compensación se basen en méritos reales y no en sesgos inconscientes.
- **Formación y sensibilización:** una de las estrategias más efectivas para reducir la desigualdad de género en la valoración de puestos de trabajo es la educación y la sensibilización. Las organizaciones deben implementar programas de formación para todos los niveles del personal que aborden los sesgos implícitos y promuevan la igualdad de género. Es-

tas formaciones pueden incluir talleres sobre prejuicios inconscientes, formación en igualdad de oportunidades para los responsables de contratación y promoción, y cursos de liderazgo inclusivo para la dirección.

➲ **Revisión y rediseño de estructuras salariales:** es esencial que las empresas realicen una revisión crítica de sus estructuras salariales para identificar y corregir cualquier fijación de salarios que perpetúe la desigualdad de género. Las estructuras de compensación deben evaluarse regularmente y, de ser necesario, rediseñarse para garantizar la equidad. La creación de bandas salariales basadas en el mercado que consideren factores equivalentes a nivel interno dentro de la empresa garantiza que las compensaciones sean justas y equitativas. Este proceso debe ser transparente y permitir la participación de los empleados para asegurarse de que las necesidades de todos los grupos dentro de la organización sean tenidas en cuenta.

➲ **Evaluación y valoración de puestos de trabajo desde la perspectiva de género:** implementar métodos de evaluación y valoración de puestos de trabajo que se realicen desde un enfoque de género es fundamental. Las herramientas que utilicen criterios objetivos y un marco valorativo basado en competencias y responsabilidades, en lugar de depender de estereotipos o tradiciones laborales, son clave para reflejar el valor real de cada puesto.

➲ **Seguimiento y evaluación continuada:** la metodología para reducir las desigualdades no es una tarea que se completa una vez, sino un proceso continuo. Después de implementar políticas y medidas para cerrar brechas salariales, es esencial llevar a cabo un seguimiento y una evaluación constante de su efectividad. Esto involucra la recopilación periódica de datos, la revisión de los indicadores de éxito y la retroalimentación de los empleados. Informes anuales sobre el progreso hacia la igualdad salarial deben realizarse para identificar áreas de mejora y asegurarse de que no surjan nuevas desigualdades. Además, las organizaciones pueden beneficiarse al establecer un comité o grupo de trabajo dedicado a supervisar las prácticas de igualdad de género, ofreciendo recomendaciones y adaptando las estrategias según sea necesario.

➲ **Fomento de una cultura de igualdad y diversidad:** es esencial que las organizaciones fomenten una cultura de igualdad y diversidad que vaya más allá de las políticas salariales. Crear un entorno de trabajo inclusivo y respetuoso en el que se valore la diversidad de pensamiento es fundamental para el bienestar y la retención del talento. Esto puede incluir programas de mentoría para mujeres, la promoción de roles de liderazgo femenino y el establecimiento de incentivos para equipos diversos que alcancen los objetivos organizativos. La diversidad debe ser vista como una fortaleza y no solo como un marcador demográfico.

Fomentar una cultura de igualdad y diversidad en las empresas impulsa la inclusión, la creatividad y el respeto mutuo, creando entornos laborales más justos y enriquecedores para todas las personas.

6. Resumen

En el contexto actual, los avances hacia la igualdad de género en el entorno laboral se han convertido en asuntos prioritarios para organizaciones, Gobiernos y sociedad en general. La necesidad de alcanzar una paridad real que trascienda el simple cumplimiento convencional o normativo exige un análisis crítico y estratégico de los elementos subyacentes que perpetúan las desigualdades salariales y de oportunidades entre géneros.

Los conceptos más relevantes en este sentido son:

Auditoría retributiva	Registro retributivo	Valoración de puestos de trabajo	Cálculo de la brecha salarial

Del mismo modo, son relevantes el uso diversas herramientas y recursos para el cálculo y análisis de las desigualdades salariales.

Por último, se hace hincapié en detectar elementos clave y definir estrategias efectivas para avanzar hacia la equidad organizacional. Con un enfoque centrado en la identificación de las desigualdades y la implementación de metodologías y tácticas capaces de mitigar estas desigualdades, las organizaciones podrán adoptar mejores prácticas hacia un enfoque justo y comprensivo de equidad.

Ejercicios de autoevaluación
Unidad de Aprendizaje 2

1. ¿Qué es la brecha salarial de género?

    a. La diferencia en horas trabajadas entre hombres y mujeres.
    b. La diferencia en el ingreso promedio entre hombres y mujeres.
    c. La proporción de hombres y mujeres en una empresa.
    d. El porcentaje de mujeres en cargos directivos.

2. ¿Cuál de las siguientes acciones es necesaria para calcular correctamente la brecha salarial de género?

    a. Recolectar datos desagregados por sexo sobre salarios base y complementos.
    b. Realizar entrevistas individuales a todo el personal.
    c. Comparar únicamente los salarios de los directivos de la empresa.
    d. Analizar los datos sin considerar la perspectiva de género.

3. ¿Qué elemento NO foma parte de una auditoría retributiva?

    a. Análisis de salarios base.
    b. Evaluación del desempeño.
    c. Comparación de bonificaciones y beneficios.
    d. Revisión de la estructura jerárquica.

4. ¿Qué busca la valoración de puestos de trabajo con perspectiva de género?

    a. Reducir la carga laboral de las mujeres.
    b. Asignar valor equitativo a los puestos de trabajo sin sesgos de género.
    c. Promover únicamente a mujeres en roles de liderazgo.
    d. Establecer salarios iguales para todos los empleados.

5. ¿Qué factor puede contribuir a la segregación ocupacional?

a. Igualdad de oportunidades en la contratación.
b. Concentración de mujeres en sectores tradicionalmente feminizados.
c. Aplicación de políticas de transparencia salarial.
d. Inclusión de perspectiva de género en la valoración de puestos.

6. ¿Qué herramienta puede ser utilizada para realizar una auditoría retributiva?

a. Encuestas de satisfacción laboral.
b. Análisis de regresión en *software* estadístico.
c. Paneles de control visuales.
d. Todas las opciones son correctas.

7. ¿Qué significa interseccionalidad en el análisis de género?

a. La combinación de diferentes identidades y cómo estas interactúan en contextos de desigualdad.
b. La igualdad salarial entre hombres y mujeres.
c. La revisión de políticas laborales para eliminar discriminaciones directas.
d. La implementación de beneficios sociales para mujeres.

8. ¿Cuál de las siguientes es una causa común de la brecha salarial?

a. Discriminación directa.
b. Segregación ocupacional.
c. Falta de oportunidades de promoción.
d. Todas las opciones son correctas.

9. ¿Qué elemento es esencial para garantizar una política salarial equitativa?

a. Confidencialidad en los datos salariales.
b. Transparencia en los criterios de compensación.
c. Evaluación subjetiva de los puestos de trabajo.
d. Eliminación de los beneficios extrasalariales.

10. **¿Qué concepto implica tratar a todas las personas con las mismas oportunidades, derechos y recursos, ajustando medidas según sus necesidades?**

    a. Igualdad
    b. Equidad
    c. Conciliación laboral
    d. Inclusión

Medidas de los planes de igualdad

Contenido

Objetivos

El objetivo general de esta Unidad de Aprendizaje es:

→ Identificar buenas prácticas de distintas organizaciones en la implementación de los planes de igualdad.

Los objetivos específicos de esta Unidad de Aprendizaje son:

→ Analizar las estrategias utilizadas por empresas exitosas en la implementación de planes de igualdad para identificar elementos clave en su diseño y ejecución.

→ Identificar los principales retos y problemas en la implementación de los planes de igualdad y proponer estrategias para superarlos.

→ Conocer buenas prácticas observadas, adaptables a diferentes tipos de organizaciones y contextos.

1. Introducción

En el entorno laboral actual, la igualdad es una necesidad esencial para crear espacios más justos y equitativos. Los planes de igualdad no solo reflejan el compromiso con la diversidad y la inclusión, sino que también mejoran la creatividad, la toma de decisiones y los resultados financieros de las organizaciones. Más que documentos estáticos, son procesos dinámicos que requieren diagnóstico, acción y adaptación constante.

El éxito de estos planes radica en transformar las políticas en acciones tangibles que cambien mentalidades y culturas empresariales. Esto implica superar retos como la resistencia al cambio, la falta de recursos y la medición del impacto; pero los casos exitosos demuestran que, con estrategias bien estructuradas, los beneficios a largo plazo son significativos.

Las buenas prácticas de igualdad no solo corrigen desequilibrios, sino que fomentan un entorno atractivo y sostenible, capaz de retener talento diverso. La implementación de estas medidas es crucial para la resiliencia y la adaptación organizacional, convirtiéndose en un requisito indispensable para cualquier institución comprometida con un futuro inclusivo y equitativo.

En este contexto, los cambios estructurales derivados de las buenas prácticas no solo surgen como un medio para nivelar el campo de juego entre géneros, sino como un factor esencial para fomentar un entorno laboral atractivo y sostenible, capaz de retener y atraer talento diverso. En última instancia, la implementación eficaz de medidas de igualdad fomenta una organización más resiliente, adaptable y preparada para hacer frente a los desafíos del presente y del futuro.

Para ello, seguiremos con el caso de la empresa Conexia Global S. L., que está implementando su primer plan de igualdad. Después de ver las necesidades del diagnóstico, ha empezado a aplicar medidas específicas y buenas prácticas para mejorar la situación de la empresa en relación con la equidad e igualdad.

2. Análisis de ejemplos reales de medidas y acciones en organizaciones

☞ HILO CONDUCTOR

En Conexia Global S. L. realizaron un exhaustivo diagnóstico para desarrollar su plan de igualdad. En la actualidad, con los resultados del diagnóstico están implementando programas de formación en diversidad e inclusión para sensibilizar a su plantilla sobre la importancia de la igualdad de género y el impacto de los prejuicios inconscientes. También introdujeron algunas buenas prácticas y políticas de flexibilidad laboral, horarios adaptables y opciones de trabajo remoto, con el objetivo de facilitar la conciliación entre la vida profesional y familiar.

Estas iniciativas están contribuyendo a un entorno más equitativo, lo cual mejora la satisfacción y el compromiso de la plantilla.

- -

La implementación de medidas de igualdad en las organizaciones no es solo una obligación legal, sino también una estrategia eficaz para crear un entorno laboral más equitativo y productivo.

Algunas medidas y acciones específicas que han sido adoptadas por diversas organizaciones para promover la igualdad de género en el lugar de trabajo son las siguientes:

- ⊃ **Flexibilidad laboral y conciliación:** empresas como Google han incorporado políticas de trabajo flexible y permiten que su plantilla trabaje desde casa algunos días a la semana o elijan sus horarios de trabajo. Estas medidas favorecen tanto a hombres como a mujeres, en la gestión del equilibrio entre la vida laboral y personal, especialmente en familias en las que ambos trabajan. Al ofrecer horarios flexibles, se busca mitigar las desigualdades que surgen del reparto desigual de responsabilidades domésticas. Por otro lado, Vodafone ha implementado un programa de licencia parental de retorno gradual que permite a las nuevas madres y padres reincorporarse al trabajo con horario reducido, manteniendo su sueldo completo durante un tiempo determinado. Esta política no solo apoya a las madres, sino también a los padres, promoviendo una distribución más equitativa de las responsabilidades familiares.
- ⊃ **Programas de mentoría y desarrollo profesional:** IBM ha sido pionera en programas de mentoría destinados específicamente a mujeres en tecnología. A través de ellos, las mujeres pueden conectarse con líderes

sénior, recibir orientación en su desarrollo profesional y aumentar su visibilidad dentro de la organización. Estos programas ayudan a reducir la brecha de género en posiciones directivas, ofreciendo a las mujeres las herramientas necesarias para prosperar en roles de liderazgo. Asimismo, la firma de contabilidad Deloitte ha implementado una iniciativa de redes de aprendizaje destinadas a empoderar a mujeres en todas las etapas de su carrera, desde asistente hasta socias. Estos programas se centran en fomentar las habilidades de liderazgo, la confianza personal y las oportunidades de colaboración, facilitando el avance de las mujeres a lo largo de la jerarquía corporativa.

- **Igualdad salarial:** Salesforce se ha destacado en sus esfuerzos por cerrar la brecha salarial entre sexos. La compañía realiza auditorías salariales anuales, ajustando los salarios donde sea necesario para garantizar que todos los empleados, independientemente de su género, reciban una compensación justa por sus contribuciones laborales. Este tipo de medidas asegura no solo la equidad de género, sino también la transparencia y confianza en la organización. Unilever, como parte de su compromiso con la igualdad de género, también ha implementado análisis salariales periódicos para identificar y corregir desigualdades en la compensación. Esto, combinado con una política firme de transparencia salarial, ayuda a establecer una cultura de confianza y justicia dentro de la empresa.

- **Formación en igualdad de género y diversidad:** la empresa Apple ha desarrollado un riguroso programa de capacitación en diversidad e inclusión que abarca a todos sus colaboradores. Este programa educa a los empleados sobre el valor de la diversidad, el impacto de los prejuicios inconscientes y cómo cada persona puede contribuir a un entorno laboral inclusivo. Estas capacitaciones son cruciales para sensibilizar a la plantilla y crear un cambio de cultura sustancial. Por su parte, la cadena hotelera Marriott International también promueve formaciones en igualdad de género como parte de sus programas de desarrollo profesional. Con ello, busca no solo sensibilizar sobre la importancia de la igualdad de género, sino también equipar a sus líderes para abordar eficazmente los desafíos relacionados con la discriminación y la diversidad en sus equipos.

- **Redes de afinidad y grupos de recursos para la plantilla:** General Motors ha creado grupos de recursos para su plantilla que pertenecen a comunidades que han sido siempre subrepresentadas, incluyendo un robusto grupo de mujeres que ofrece un espacio para discutir desafíos, compartir experiencias y apoyar iniciativas de cambio dentro de la organización. Estos grupos juegan un rol fundamental en la formación de políticas inclusivas y brindan a los empleados un sentido de pertenencia. Microsoft, por otro lado, cuenta con redes de afinidad como Women@Microsoft, que proporciona un espacio para que las empleadas participen en eventos de *networking,* accedan a recursos de desarrollo profesional y colaboren en abordar barreras sistémicas a la igualdad de género. Este enfoque ayuda a cultivar un entorno laboral más inclusivo y equitativo.

- **Reclutamiento y selección inclusiva:** BP ha implementado estrategias de reclutamiento y selección más inclusivas, utilizando herramientas de inteligencia artificial para eliminar sesgos inconscientes en los procesos de contratación. Además, la empresa garantiza que todos los paneles de entrevista incluyan a mujeres y que las listas de candidatos sean diversas, incrementando la representatividad femenina en áreas tradicionales dominadas por hombres. Además, la empresa de *software* SAP ha adoptado prácticas como la redacción de descripciones de puesto de trabajo neutrales en términos de género y el uso de plataformas de contratación que promueven la diversidad de candidatos. De esta manera, se busca atraer y retener talento femenino en sus filas.

- **Cultura organizacional inclusiva:** Bain & Company, una consultora de gestión empresarial, ha trabajado intensamente en el desarrollo de una cultura organizacional que promueva el respeto, la inclusión y la igualdad de género. Han implementado políticas que incluyen la posibilidad de adaptaciones por circunstancias familiares, fomentan el diálogo abierto sobre temas de diversidad e igualdad, y celebran los logros de las mujeres en la empresa. La cadena de restaurantes McDonald's, por otro lado, ha incorporado la diversidad y la inclusión como principios fundamentales de su cultura organizacional, emprendiendo esfuerzos para asegurar representación equitativa en todas sus líneas de negocio. Esto se ve reflejado no solo en sus políticas internas, sino también en sus campañas de *marketing* y comunicaciones externas.

 **VÍDEO**

Escanea el código QR para ver el siguiente vídeo que profundiza en las distintas formas de flexibilidad laboral que están adoptando las empresas:

https://redirectoronline.com/ctri00050301

La brecha salarial de género es uno de los grandes desafíos para la consecución de la equidad y la igualdad de oportunidades en el entorno laboral. Se sitúa todavía en el 8,7 % en 2024 en España.

APLICACIÓN PRÁCTICA

Lucía, trabajadora de Conexia Global S. L., está revisando diferentes acciones implementadas en diversas organizaciones para fomentar la igualdad de género. Durante la evaluación, encuentra una medida que describe lo siguiente:

Se realizan auditorías salariales periódicas para garantizar que no existan diferencias de sueldo entre hombres y mujeres por un mismo puesto de trabajo o funciones similares.

A partir de esta descripción, selecciona la medida.

Solución

Realizar auditorías salariales periódicas es una medida clave para garantizar la equidad salarial y cerrar la brecha de género en las organizaciones. Empresas como Salesforce y Unilever han implementado esta práctica, asegurando una compensación justa y transparente. Esta acción no solo promueve la igualdad de género, sino que también fortalece la confianza y el compromiso del personal con la organización.

2.1. Ejemplificación de medidas, buenas prácticas y cambios estructurales

Las medidas y buenas prácticas pueden integrarse de manera holística dentro de las organizaciones, para fomentar una cultura más igualitaria y equitativa. Algunos ejemplos de medidas y acciones concretas que han demostrado eficacia en la implementación de planes de igualdad son los siguientes:

⮕ **Flexibilidad laboral:** la flexibilidad laboral es una medida bien documentada que apoya la igualdad de género. Permitir horarios flexibles, opciones de teletrabajo o jornadas reducidas puede facilitar a las personas equilibrar sus responsabilidades laborales y personales, una necesidad especialmente importante para las mujeres, que a menudo cargan con mayores responsabilidades en el cuidado de la familia. Por ejemplo, una empresa puede implementar una política que permita a los empleados ajustar su horario de trabajo para gestionar sus responsabilidades familiares. Esto no solo favorece una mayor participación de mujeres en la fuerza laboral, sino que también incrementa la satisfacción y productividad entre todos los empleados.

⮕ **Programas de mentoría:** los programas de mentoría son cruciales para el desarrollo profesional y el avance de las mujeres en sectores dominados desde siempre por hombres. Estas iniciativas promueven el intercambio de conocimientos y experiencia. Un ejemplo efectivo es un programa de mentoría cruzada, en el que tanto mujeres como hombres en roles de liderazgo guían a mujeres que muestran potencial alto, encaminándolas hacia roles estratégicos dentro de la organización. En este contexto, algunas organizaciones han establecido redes de mentoría interna que agrupan a mujeres líderes con talento emergente. Así, se crean relaciones de tutorización que fortalecen el camino hacia puestos de liderazgo.

⮕ **Transparencia salarial:** implementar políticas de transparencia salarial es una práctica ejemplar que aborda directamente la discriminación salarial de género. Las empresas que divulgan las escalas salariales dentro de su organización permiten que se identifiquen y corrijan brechas salariales injustificadas. Un enfoque práctico es auditar regularmente las diferentes bandas salariales dentro de la empresa para garantizar que la equidad de remuneraciones se cumpla en todos los niveles y generar informes sobre resultados y acciones correctivas.

⮕ **Formación y concienciación:** involucrar a toda la plantilla en talleres de sensibilización sobre igualdad de género es fundamental para cambiar actitudes y narrativas. Las organizaciones deben integrarse en un contexto de aprendizaje continuo, ofreciendo formación regular sobre sesgos inconscientes, lenguaje inclusivo y diversidad cultural. Por ejemplo, una empresa podría realizar una jornada trimestral obligatoria para todos los niveles del personal, centrada en dinámicas de grupo que ilustren las consecuencias de los prejuicios inconscientes y cómo cada individuo puede contribuir a una cultura más inclusiva.

- **Comités de igualdad:** formar comités de igualdad es una buena práctica para mantener el enfoque constante en las metas de igualdad. Estos comités supervisan la implementación de medidas y funcionan como un espacio para discutir desafíos y victorias. En su composición, deben incluir una representación diversa, asegurando que se analiza la igualdad desde múltiples perspectivas y contextos.
- **Revisión de políticas corporativas:** revisar y reformular las políticas existentes para reflejar el compromiso de la empresa hacia la igualdad de género es esencial. Cada política debe ser evaluada, desde las políticas de contratación hasta las de promoción, para identificar y eliminar barreras para la igualdad. Por ejemplo, reformular los criterios de selección de candidatos para que no solo consideren las experiencias y habilidades tradicionales, sino que también valoren las competencias en habilidades interpersonales, emocionalmente inteligentes y éticas.
- **Cultura organizacional:** fomentar un cambio en la cultura organizacional requiere tiempo, pero es esencial para que las medidas de igualdad tengan un éxito duradero. El liderazgo debe modelar el comportamiento de igualdad y promover una cultura donde la inclusión no solo es aceptada, sino celebrada. Un enfoque pertinente podría ser establecer una plataforma de comunicación abierta donde los empleados puedan compartir experiencias e ideas sobre cómo mejorar la igualdad en el lugar de trabajo, promovida por los líderes de manera activa.
- **Monitoreo y evaluación:** la recopilación regular de datos sobre el progreso hacia los objetivos de igualdad de género y el impacto de las implementaciones ayudará a afinar las estrategias adoptadas. Las organizaciones deben tener una plataforma donde estas métricas se revisen trimestralmente. También se han de planear e implementar actos correctivos, según sea necesario.

La formación y la concienciación en igualdad de género son pilares fundamentales para promover un cambio cultural en las organizaciones, fomentando entornos laborales más equitativos, inclusivos y comprometidos con la justicia social. La capacitación constante permite a las personas identificar y combatir los estereotipos de género.

PARA SABER MÁS

El área del STEM es muy masculinizada, por ello desde hace unos años se llevan a cabo campañas y programas para que cada vez más mujeres opten por esta opción profesional. Por ejemplo, la Real Academia de Ingeniería tiene un programa de mentoría, denominada Programa de *Mentoring* de Excelencia para el Desarrollo del Talento STEM Femenino, en el que se ofrece una formación integral en ciencias, ingeniería y tecnología con el objetivo de conseguir una sociedad más igualitaria. Accede desde aquí:

https://redirectoronline.com/ctri00050302

 ACTIVIDAD COMPLEMENTARIA

3. Busca ejemplos de buenas prácticas en las empresas en relación con la búsqueda de la equidad y la igualdad de género. Selecciona un ejemplo y explica cómo ayuda a las empresas y a la sociedad.

2.2. Retos, principales problemas y dificultades detectadas en su implementación

Los planes de igualdad son herramientas fundamentales en la construcción de sociedades más equitativas y justas. Sin embargo, su implementación no está exenta de desafíos significativos, que pueden obstaculizar su éxito y efectividad. Comprender estos retos es crucial para dirigir los esfuerzos hacia su resolución.

Algunos de los principales problemas y dificultades a los que se enfrentan las organizaciones e instituciones en la puesta en marcha de los planes de igualdad son:

- **Falta de compromiso organizacional:** uno de los mayores desafíos en la implementación de planes de igualdad es la falta de compromiso por parte de la alta dirección o del conjunto de la organización. La implementación de un plan significa cambios que pueden alterar la cultura organizacional, y sin un liderazgo fuerte que respalde estas iniciativas, es probable que los esfuerzos se vean debilitados. Las medidas deben integrarse en todas las políticas corporativas y el liderazgo debe servir como modelo de estos cambios. Sin un compromiso visible y activo, las medidas de igualdad pueden quedar relegadas a un segundo plano.
- **Resistencia al cambio:** la resistencia al cambio es un problema común cuando se implementan nuevos procesos o políticas. Los planes de igualdad no son la excepción. Esta resistencia puede manifestarse de forma activa, con objeciones y reticencias, o pasiva, a través de la falta de participación o el retraso en la adopción de medidas. Esto suele deberse a una falta de información o comprensión del valor de estos planes, y a veces se ve alimentado por prejuicios o sesgos preexistentes. Abordar esta resistencia requiere estrategias efectivas de comunicación y la promoción de una cultura inclusiva.
- **Recursos insuficientes:** la implementación de planes de igualdad a menudo requiere recursos significativos en términos de tiempo, dinero y capacitación. Muchas empresas, especialmente aquellas con presupuestos limitados, pueden tener dificultades para asignar suficientes recursos, lo que lleva a una ejecución limitada o deficiente. Es fundamental establecer un presupuesto adecuado con anticipación, además de explorar posibles fuentes externas de financiación o colaboración para solventar las carencias económicas.
- **Falta de formación y sensibilización:** la falta de formación adecuada es un obstáculo notable en la implementación de las medidas de igualdad. Es esencial que todos los miembros de una organización comprendan el propósito y la importancia de estas políticas. La sensibilización y formación continuas garantizan que los empleados puedan identificar comportamientos inequitativos y se sientan empoderados para actuar al respecto, promoviendo un ambiente laboral inclusivo y respetuoso.
- **Ausencia de indicadores claros y sistemas de evaluación:** sin definir indicadores claros de éxito es difícil evaluar si un plan de igualdad está logrando lo que se propuso. La falta de sistemas de seguimiento y evaluación complica el análisis de los avances y puede dar lugar a la ineficiencia o ineficacia del plan. Instituir métricas claras y procesos de evaluación continua es esencial para asegurar que los objetivos se cumplan y para realizar ajustes cuando sea necesario.

- **Incoherencias legislativas y burocracia:** las leyes y las regulaciones relativas a la igualdad pueden variar significativamente dependiendo del marco legislativo nacional y regional, lo que puede dificultar la implementación coherente de un plan de igualdad. La burocracia asociada con el cumplimiento normativo puede ser un desafío, y mantener la alineación con un entorno legal en constante cambio puede requerir tiempo y recursos significativos.

- **Cultura organizacional arraigada:** en ocasiones, la cultura organizacional puede ser el mayor obstáculo para la implementación de medidas de igualdad. En entornos donde los valores tradicionales o patriarcales están profundamente integrados, el cambio cultural puede ser lento y resistente. Se necesita una estrategia deliberada para abordar las creencias y prácticas culturales que obstaculizan la igualdad, incluyendo políticas de tolerancia cero y programas de concienciación.

- **Desigualdades interseccionales:** la igualdad de género suele abordarse de manera aislada, sin tener en cuenta otras formas de desigualdad que pueden interseccionar, como la raza, la clase social, la orientación sexual, la discapacidad y la edad. La falta de un enfoque interseccional puede dar lugar a la implementación de políticas que no reflejan las complejidades de las experiencias vividas por individuos con múltiples identidades. Es vital adoptar un enfoque holístico que considere estas dimensiones para que el plan sea inclusivo y efectivo.

- **Comunicación ineficaz:** la comunicación ineficaz de los objetivos, estrategias y beneficios de los planes de igualdad puede obstaculizar su implementación. La falta de comunicación puede generar rumores, malentendidos o desinformación que comprometen el apoyo del personal y socavan los esfuerzos colectivos. Los canales de comunicación deben ser claros, abiertos y efectivos, y deben involucrar a todos los interesados, asegurando que todo el personal comprenda las expectativas y se sienta incluido en el proceso.

 PARA SABER MÁS

Una de las dificultades es el no tener un sistema claro de evaluación, por lo que el Ministerio de Igualdad y el Instituto de las Mujeres han creado una píldora formativa sobre ello, para ayudar a elaborar unos indicadores fiables y correctos. Escanea el siguiente QR para acceder a la misma:

Continúa en página siguiente >>

<< Viene de página anterior

https://redirectoronline.com/ctri00050303

Para enfrentar estos desafíos, se pueden adoptar varias estrategias que aumenten la posibilidad de una implementación exitosa de los planes de igualdad:

Liderazgo comprometido y ejemplar
- Las personas líderes deben no solo respaldar las políticas de igualdad, sino también demostrarlas en su propio comportamiento y expectativas.

Inversión en formación
- Proporcionar formación continua y pertinente es vital. Los talleres y las formaciones pueden ayudar a reducir la resistencia al cambio.

Asignación de recursos adecuados
- Garantizar recursos financieros, humanos y temporales suficientes es clave para ejecutar medidas de manera efectiva.

Establecimiento de indicadores de éxito
- Definir claramente cómo será medido el progreso es vital para el seguimiento y la adaptación de las acciones implementadas.

Simplificación de procesos burocráticos
- Minimizar la burocracia puede facilitar la implementación y agilizar el cumplimiento de normativas.

Enfoque interseccional
- Asegurar que las políticas aborden múltiples facetas de la desigualdad ayuda a que los planes sean más inclusivos y efectivos.

Continúa en página siguiente >>

<< Viene de página anterior

Mejora de la comunicación interna
- Formular una estrategia de comunicación robusta puede ayudar a asegurar que toda la plantilla comprenda el plan y sus objetivos.

Cultura de inclusión y respeto
- Trabajar activa y continuamente para fomentar una cultura que valore la diversidad y se comprometa con la igualdad es fundamental.

 PARA SABER MÁS

Escanea el siguiente QR para acceder a una guía para hacer la comunicación interna de la empresa más inclusiva:

https://redirectoronline.com/ctri00050304

 TAREA 4

La empresa Conexia Global S. L. ha decidido implementar un plan de igualdad para fomentar un entorno laboral más inclusivo. Sin embargo, se ha encontrado con varias dificultades y retos:

- La dirección muestra un compromiso limitado con las acciones propuestas.
- Parte de la plantilla se resiste al cambio, argumentando que el plan no es necesario.

Continúa en página siguiente >>

<< Viene de página anterior

- La empresa no cuenta con un presupuesto definido para financiar las medidas de igualdad.
- No se han elaborado indicadores claros para medir el éxito del plan.

Estas situaciones están afectando al progreso del plan de igualdad y ralentizando su implementación. Por ello sería necesario proporcionar dos estrategias que la empresa pueda adoptar para superar estas dificultades. Indica cuáles podrían ser.

----

3. Resumen

En la búsqueda de sociedades más justas y equitativas, la igualdad de género y la inclusión son principios fundamentales que buscan la eliminación de las barreras y las discriminaciones basadas en el género en todos los ámbitos de la vida. En este contexto, los planes de igualdad se presentan como herramientas estratégicas diseñadas para promover la paridad y la equidad en las organizaciones, utilizando medidas que aseguren una representación proporcionada y una participación significativa de todas las personas, sean del género que sean. Por ello, es muy importante tener en cuenta:

Ejemplos reales de medidas y acciones	Cambios estructurales
- Los ejemplos permiten observar cómo las empresas abordan la igualdad de género. - Se obtiene información valiosa sobre los factores de éxito y las lecciones aprendidas. - Las buenas prácticas incluyen políticas específicas sobre contratación y promoción equitativa y la creación de entornos seguros de trabajo.	- Los cambios estructurales en las empresas muestran cómo la igualdad no es una meta, sino un estado permanente y naturalizado. - Se debe incorporar la igualdad de forma integral en las estructuras y procesos organizacionales, estimulando una cultura inclusiva que beneficie a todas las áreas de la empresa.

Continúa en página siguiente >>

<< Viene de página anterior

Retos, problemas y dificultades

- Pueden incluir resistencias culturales, falta de recursos, carencia de compromiso organizacional o problemas en la medición de los resultados de las acciones emprendidas.
- Se requiere una reflexión sobre cómo estos desafíos pueden variar significativamente según el contexto cultural y socioeconómico de cada empresa.
- Una comprensión crítica facilitará el desarrollo de estrategias más efectivas para superar estos retos y optimizar los resultados de las políticas de igualdad.

Ejercicios de autoevaluación
Unidad de Aprendizaje 3

1. ¿Qué medida promueve la igualdad de género al permitir un balance entre la vida profesional y la personal?

   a. Programas de mentoría profesional.
   b. Redes de afinidad.
   c. Flexibilidad laboral y conciliación.
   d. Auditorías salariales.

2. ¿Cuál de las siguientes organizaciones realiza auditorías salariales periódicas para cerrar la brecha de género?

   a. Google
   b. Salesforce
   c. Microsoft
   d. Marriott International

3. ¿Qué práctica se utiliza para reducir los sesgos en los procesos de contratación?

   a. Uso de herramientas de inteligencia artificial.
   b. Implementación de jornadas reducidas.
   c. Programas de mentoría cruzada.
   d. Formación en diversidad e inclusión.

4. Determina si la siguiente oración es verdadera o falsa: "Las políticas de flexibilidad laboral solo benefician a las mujeres trabajadoras".

   ■ Verdadero
   ■ Falso

5. ¿Qué empresa promueve la creación de redes de afinidad para mujeres dentro de su plantilla?

   a. Microsoft
   b. Unilever
   c. BP
   d. Bain & Company

6. **¿Qué estrategia busca sensibilizar a la plantilla sobre los prejuicios inconscientes?**

   a. Redes de afinidad.
   b. Transparencia salarial.
   c. Programas de formación en diversidad e inclusión.
   d. Revisión de políticas corporativas.

7. **¿Cuál es un desafío común en la implementación de planes de igualdad?**

   a. Falta de talento en la organización.
   b. Resistencia al cambio por parte de la plantilla.
   c. Exceso de recursos disponibles.
   d. Desigualdad en la formación técnica.

8. **¿Qué medida ayuda a reducir la brecha de género en posiciones de liderazgo?**

   a. Redes de mentoría y programas de desarrollo profesional.
   b. Flexibilidad horaria.
   c. Implementación de inteligencia artificial.
   d. Reducción de las responsabilidades familiares.

9. **¿Qué medida fomenta una cultura organizacional más inclusiva y equitativa?**

   a. Realización de auditorías salariales.
   b. Creación de comités de igualdad.
   c. Revisión de políticas de contratación.
   d. Proyectos de licencias familiares pagadas.

10. **Determina si la siguiente oración es veradera o falsa: "La implementación de redes de mentoría ayuda a reducir las barreras sistémicas a las que se enfrentan las mujeres en el ámbito laboral".**

    ■ Verdadero
    ■ Falso

Herramientas, materiales didácticos y recursos disponibles en los planes de igualdad

Contenido

1. Introducción
2. Identificación de herramientas y recursos disponibles
3. Uso de algunas de las herramientas y recursos
4. Resumen

Objetivos

El objetivo general de esta Unidad de Aprendizaje es:

→ Localizar los recursos disponibles para la elaboración un plan de igualdad.

Los objetivos específicos de esta Unidad de Aprendizaje son:

→ Reconocer las herramientas y recursos clave para la elaboración de planes de igualdad.

→ Manejar el registro de planes de igualdad y comprender su importancia.

→ Interpretar informes de impacto de género para la toma de decisiones informadas.

1. Introducción

En la actualidad, la igualdad de género se ha convertido en un aspecto central de la responsabilidad social corporativa y el desarrollo organizacional. Los planes de igualdad no son documentos estáticos; al contrario, son dinámicos y requieren una atención continua a las herramientas y recursos que faciliten su implementación efectiva. Estos planes deben generar un cambio cultural y estructural dentro de las organizaciones, necesidades que se traducen en la urgencia de contar con recursos didácticos que promuevan la concienciación y la sensibilización.

Una empresa que decida implementar estos planes puede, por ejemplo, beneficiarse de plataformas digitales que apoyen el aprendizaje continuo y permitan a los empleados comprender y adoptar prácticas de igualdad.

Por su parte, contar con una guía clara para el diseño y la implantación de un plan de igualdad es fundamental. Esto permite que las organizaciones no solo planifiquen su estrategia, sino que también evalúen su progreso de manera eficaz y transparente. Un informe de impacto de género, por ejemplo, es una excelente herramienta que cuantifica los cambios logrados y permite a la organización reconocer áreas de mejora necesaria. Estos informes ayudan a medir el éxito de las acciones implementadas, asegurando que se continúe avanzando hacia una igualdad de género real y efectiva.

Adicionalmente, el registro adecuado de los planes de igualdad asegura que toda la organización esté alineada en sus objetivos y que los recursos sean utilizados de manera eficiente.

Para asegurar una implementación exitosa de los planes de igualdad, es imprescindible conocer las herramientas, recursos y materiales educativos necesarios para guiar este proceso. Estos elementos permiten no solo planificar y ejecutar de manera efectiva, sino también evaluar y mejorar continuamente las iniciativas adoptadas. La capacidad de montar un enfoque cohesionado hacia la igualdad de género en ambientes laborales realza no solo la misión y los valores de una organización, sino también la competencia de esta en aprovechar al máximo el talento que reside en la diversidad. La sociedad y las empresas, al respaldar estos esfuerzos, no solo cumplen con una obligación moral y legal, sino que avanzan hacia un entorno más equitativo y justo para todos.

Para visualizarlo de forma práctica, nos seguiremos centrando en el caso de la empresa Conexia Global S. L., que está realizando su primer plan de igualdad y necesita de todas las herramientas disponibles para que sea un éxito.

2. Identificación de herramientas y recursos disponibles

☞ HILO CONDUCTOR

En Conexia Global S. L. identificaron la falta de capacitación en igualdad de género y la ausencia de políticas claras contra el acoso como áreas clave de mejora. Para abordarlos, contrataron una consultoría especializada, implementaron *software* para evaluar brechas de género y desarrollaron talleres sobre comunicación inclusiva. En menos de un año, registraron su plan de igualdad, sensibilizaron al personal y establecieron procedimientos claros, para promover una cultura organizacional inclusiva y equitativa.

Al abordar la identificación de las herramientas y los recursos disponibles para la elaboración, análisis e implementación de planes de igualdad, es crucial partir de una comprensión clara de las necesidades específicas de nuestra organización y el contexto en el que opera. La identificación adecuada de estos componentes no solo facilita una gestión más eficiente de nuestras actividades y objetivos, sino que también garantiza que las iniciativas de igualdad sean viables, sostenibles y adaptadas a la realidad del entorno laboral en el que se desarrollan.

El primer paso en la identificación de herramientas y recursos consiste en realizar un diagnóstico inicial del estado de igualdad en la empresa en ese momento. Esto implica evaluar las políticas existentes, analizar datos de diversidad y recopilar información sobre las percepciones y actitudes de empleados/as respecto a la igualdad. La utilización de encuestas y entrevistas puede proporcionar información valiosa. Una vez hecho el diagnóstico, podemos valorar qué herramienta o recurso necesitamos. Algunas muy útiles son:

⮑ **Recursos humanos y conocimientos:** un recurso valioso para cualquier plan de igualdad es el equipo de recursos humanos y otros profesionales con experiencia en igualdad y diversidad. Estos profesionales aportan competencias analíticas, así como experiencia en manejo de conflictos, facilitación de talleres y capacitación en temas de igualdad de género. La formación regular y específica en materia de igualdad es esencial para garantizar la continuidad y efectividad de estas prácticas.

⮑ **Software y tecnología:** hoy en día, el uso de tecnología es indispensable para gestionar adecuadamente los esfuerzos de igualdad. Existen diversas plataformas y software especializado en la gestión de recursos humanos que incluyen funciones para monitorear y medir el progreso en términos de diversidad e inclusión. Programas como *BambooHR* (<https://www.bamboohr.com/>) o *Workday* (<https://www.workday.com/>) son ejemplos de herramientas que permiten gestionar datos demográficos, promover la equidad salarial y generar reportes de impacto.

- **Materiales didácticos y educativos:** es fundamental contar con materiales didácticos que puedan ser utilizados no solo en capacitaciones y talleres, sino también como recursos de consulta diaria. Manuales, guías, módulos en línea y seminarios web son herramientas valiosas para mantener a todo el personal informado y comprometido con los objetivos de igualdad. Para la implementación de cursos virtuales periódicos sobre la importancia de la igualdad de género en el lugar de trabajo, que son accesibles a todo el personal.

- **Políticas y procedimientos:** las políticas institucionales proporcionan un marco claro y concreto para las acciones de igualdad, aspectos que deben estar alineados con las normativas locales e internacionales. Esto incluye políticas de no discriminación, acoso en el lugar de trabajo y balance trabajo-vida, que pueden actuar como guías para la conducta cotidiana dentro de la organización. Los procedimientos también son importantes para definir cómo se manejarán las quejas y los casos de desviación.

- **Redes de apoyo y consultoría externa:** para reforzar los esfuerzos internos, a menudo es valioso formar alianzas con expertos externos en igualdad de género y derechos humanos. Algunas consultoras especializadas pueden ofrecer perspectivas y enfoques innovadores, además de facilitar capacitaciones personalizadas. Asimismo, colaborar con otras organizaciones del sector puede ayudar a compartir experiencias y estrategias efectivas, promoviendo un aprendizaje continuo y en red.

- **Financiación y recursos económicos:** al implementar un plan de igualdad, las consideraciones sobre el financiamiento son cruciales. Los recursos económicos deben ser planificados e invertidos estratégicamente para maximizar el impacto. Esto podría implicar reorientar el presupuesto, buscar subvenciones o establecer asociaciones con entidades que puedan ofrecer recursos financieros específicos para iniciativas de igualdad.

- **Herramientas de medición y evaluación:** evaluar el progreso es fundamental para cualquier plan de acción. Para este propósito, la organización debe establecer indicadores claros de rendimiento relativos a la igualdad, revisando periódicamente su cumplimiento. Herramientas como *Balanced Scorecard,* adaptadas para evaluar objetivos de igualdad, o la herramienta *GRI (Global Reporting Initiative)* (<https://www.globalreporting.org/>), para informes de sostenibilidad, son fundamentales para medir el impacto y los efectos de nuestras acciones a lo largo del tiempo.

● **Cultura organizacional:** los esfuerzos para la igualdad solo pueden ser exitosos si están profundamente integrados dentro de la cultura organizacional. Esto se logra mediante la comunicación constante y clara de los objetivos del plan de igualdad y con el compromiso real de los líderes y directivos de la organización. Crear una cultura de inclusión implica promover valores que reconozcan y valoren la diversidad como un pilar clave de la organización. Por ejemplo, campañas internas que celebran la diversidad y fomenten la aceptación de todas las identidades.

● *Feedback* **continuo y adaptación:** un aspecto esencial al identificar y utilizar herramientas y recursos es establecer un sistema de retroalimentación continuo con los empleados/as. Esto permite ajustar y mejorar procesos continuamente en respuesta a situaciones cambiantes dentro y fuera de la organización. En consecuencia, la revisión de procesos y la adaptación a nuevas necesidades se convierte en uno de los baluartes del éxito en la implementación de planes de igualdad.

2.1. Registro de planes de igualdad

El registro de planes de igualdad constituye una herramienta fundamental en el proceso de consolidación de políticas y prácticas organizacionales orientadas a la equidad de género. Este proceso no solo cumple con requerimientos legales vigentes en muchas jurisdicciones, sino que también favorece la transparencia y el acceso a la información, facilitando el seguimiento, evaluación y mejora continua de los planes formulados. Por ello, se debe tener en cuenta los siguientes aspectos:

1. **Importancia del registro de planes de igualdad:** el registro aporta múltiples beneficios:

    1. **Transparencia y responsabilidad:** las organizaciones que inscriben sus planes de igualdad muestran a sus partes interesadas, incluyendo empleados, accionistas y clientes, su compromiso firme con la equidad de género.
    2. **Facilitación del seguimiento y evaluación:** un registro centralizado permite una supervisión continua y brinda la posibilidad de realizar auditorías más efectivas sobre la implementación de esos planes.
    3. **Intercambio de buenas prácticas:** el acceso a un banco de planes de igualdad registrados puede conducir al intercambio de experiencias y prácticas exitosas entre entidades, fomentando una cultura de mejora continua.
    4. **Cumplimiento legal:** muchas legislaciones establecen sanciones para aquellas organizaciones que omiten el registro de sus planes

de igualdad, por lo que este proceso se convierte también en un imperativo legal.

2. **Proceso para el registro de planes de igualdad:** el proceso de registro de un plan de igualdad es el siguiente:

   1. **Desarrollo del plan de igualdad:** en esta fase preliminar, la organización desarrolla el contenido del plan, basándose en el diagnóstico de la situación existente y estableciendo medidas y objetivos específicos para mejorar la igualdad de género dentro de la entidad.
   2. **Revisión y aprobación internas:** el plan debe someterse a revisión por parte de los responsables internos de la organización, incluyendo el comité de igualdad, recursos humanos y alta dirección, antes de su aprobación formal.
   3. **Cumplimiento de requisitos documentales:** la organización debe asegurarse de que el plan cumpla con todos los requisitos formales necesarios, que podrían incluir especificaciones sobre su formato, elementos esenciales y mecanismos de evaluación y seguimiento.
   4. **Presentación ante la autoridad competente:** el plan formulario se presenta a la autoridad correspondiente, normalmente un organismo gubernamental encargado de igualdad de género o trabajo, acompañado de los documentos justificativos requeridos.
   5. **Evaluación y registro:** la autoridad analiza el plan presentado y, si cumple con todos los estándares legales y formales, procede a su registro oficial. Este paso puede involucrar tiempos de revisión que varían según la carga de trabajo del órgano receptor.
   6. **Publicación y accesibilidad:** después del registro, el plan se hace accesible, ya sea a través de un portal en línea gestionado por la autoridad regulatoria o mediante otros métodos de difusión, según el contexto y las normativas locales.

3. **Elementos clave de los planes de igualdad:** un plan de igualdad efectivo y registrado debe contener algunos componentes básicos para garantizar su efectividad y el cumplimiento de las legislaciones vigentes sobre igualdad de género. Dentro de estos elementos se destacan:

   ◗ **Análisis diagnóstico:** debe incluir un análisis detallado de la situación actual en términos de igualdad de género dentro de la organización, basado en datos cualitativos y cuantitativos.
   ◗ **Objetivos claros y medibles:** el plan establece objetivos SMART (específicos, medibles, alcanzables, relevantes y temporales) para mejorar la equidad de género.
   ◗ **Acciones y medidas concretas:** se deben definir acciones específicas y estrategias adaptadas a las necesidades identificadas en el diagnóstico.

◦ **Evaluación y seguimiento:** los planes deben incluir mecanismos para medir el impacto de las acciones emprendidas, lo que permite la evaluación periódica y la posibilidad de ajustes si es necesario.

4. **Desafíos en el registro de planes de igualdad:** si bien el registro de planes de igualdad ofrece numerosos beneficios, el proceso puede enfrentarse a desafíos específicos:

◦ **Barreras administrativas y burocráticas:** en ocasiones, las organizaciones encuentran trámites complejos y una carga administrativa que puede ser un disuasorio en el proceso de registro.

◦ **Recursos limitados:** especialmente en pequeñas y medianas empresas, la limitada disponibilidad de recursos financieros y humanos puede dificultar tanto la creación del plan como su registro.

◦ **Desconocimiento sobre la normativa:** la falta de conocimiento profundo de las normativas en igualdad puede complicar el cumplimiento de los requisitos necesarios para el registro. En estos casos, las empresas deben hacer uso de los recursos identificados anteriormente, como guías y manuales disponibles, formación especializada y, en su caso, apoyo de consultoras especializadas.

5. **Ejemplos de buenas prácticas de registro:** empresas de diversos sectores han implementado prácticas valiosas en la etapa del registro de sus planes de igualdad. La industria tecnológica, altamente masculina en cifras globales, ha visto cómo empresas líderes han establecido planes no solo focalizados en políticas internas, sino también en fomentar el aumento de mujeres en roles de liderazgo a través de establecidos sistemas de *mentoring*. Por otro lado, el sector educativo ha proporcionado ejemplos de cómo integrar la igualdad de género como parte de la cultura organizacional, asegurando que todos los miembros de la institución participen en el proceso de creación y registro del plan, lo cual garantiza una adopción inclusiva y participativa.

 PARA SABER MÁS

El registro de los planes de igualdad debe realizarse desde la página del REGCON, en la que hay un manual para saber cómo presentarlo. Escanea el siguiente código QR para acceder al manual:

Continúa en página siguiente >>

<< Viene de página anterior

https://redirectoronline.com/ctri00050305

2.2. Guía de diseño e implantación

En la construcción de un plan de igualdad, después de haber comprendido la importancia del registro de estos planes, es primordial conocer cómo diseñar e implementar estas estrategias de manera efectiva. El diseño adecuado y la correcta implantación no solo aseguran que el plan cumpla con los requisitos legales, sino que también garantiza que se alcancen los objetivos de equidad de género dentro de la organización.

Para llevar a cabo las distintas etapas correctamente se debe tener en cuenta lo siguiente:

- **Fases del diseño de un plan de igualdad**: el diseño de un plan de igualdad implica un proceso riguroso y metódico, que consta de varias etapas esenciales:

  - **Análisis situacional:** se debe realizar un diagnóstico previo para identificar las desigualdades de género existentes. Esto implica recopilar datos sobre la estructura de la plantilla, las condiciones laborales, las políticas de contratación y promoción, y la conciliación entre vida personal y profesional. Una herramienta útil son las encuestas anónimas, que permiten recoger la percepción de los trabajadores sobre la igualdad de género en el entorno laboral.
  - **Definición de objetivos y metas:** estos deben ser específicos, medibles, alcanzables, relevantes y temporales (SMART). Por ejemplo, aumentar el número de mujeres en puestos de liderazgo en un porcentaje definido o reducir la brecha salarial un determinado porcentaje en un plazo establecido.
  - **Identificación de medidas que implementar:** las medidas deben responder directamente a las problemáticas identificadas en la fase de análisis. Pueden incluir desde formaciones sobre igualdad de

oportunidades hasta la modificación de políticas de recursos humanos para favorecer la diversidad y la inclusión.

- ☿ **Asignación de recursos:** es fundamental contar con los recursos necesarios para implementar las medidas propuestas. Esto incluye tanto el presupuesto económico como los recursos humanos y materiales necesarios.
- ☿ **Planificación y calendarización:** establecer un cronograma detallado ayuda a organizar la implementación del plan y asegura que todas las áreas involucradas sepan sus responsabilidades y tiempos de actuación.

⊃ **Implantación del plan de igualdad:** con el diseño completado, la siguiente etapa es la implantación. Para esto, se deben considerar una serie de pasos críticos:

- ☿ **Comunicación y sensibilización:** es crucial comunicar el plan a toda la organización de manera clara y efectiva. La sensibilización hacia la igualdad de género debe formar parte del ADN cultural de la empresa. Los talleres, las jornadas y las campañas de comunicación interna ayudan a fomentar este cambio cultural.
- ☿ **Formación y capacitación:** implementar programas de formación específicos para que cada uno de los empleados comprenda su rol en la ejecución del plan, desde los gerentes hasta los trabajadores de base.
- ☿ **Establecimiento de una comisión de igualdad, que es un equipo multifuncional responsable de supervisar e implementar el plan:** esta comisión debe incluir representantes de diversas áreas de la organización para garantizar un enfoque integral.
- ☿ **Monitoreo y evaluación continua:** es imperativo implementar sistemas de seguimiento que permitan medir el avance del plan en tiempo real. Los indicadores clave de rendimiento (KPI) deben ser definidos, para evaluar el impacto de las acciones implementadas.

⊃ **Herramientas y materiales para facilitar el proceso:** el éxito del diseño e implementación de un plan de igualdad depende en gran medida de las herramientas y materiales que se utilicen. Aquí se destacan algunas de ellas:

- ☿ *Software* **de gestión de planes de igualdad:** estas plataformas permiten automatizar el seguimiento, recopilar datos y analizar los indicadores del plan. Facilitan el acceso a información en tiempo real y proporcionan informes detallados.
- ☿ **Guías y manuales prácticos:** documentos que ofrecen directrices claras sobre cómo abordar distintas situaciones que puedan surgir.

Estos pueden contener ejemplos de buenas prácticas y estudios de caso que sirvan de referencia.

◔ **Material didáctico *e-learning:*** cursos *online,* vídeos educativos y recursos interactivos que faciliten la comprensión de los conceptos de igualdad de género, tanto a nivel teórico como práctico.

➲ **Superando desafíos en la implementación:** la implantación de un plan de igualdad puede enfrentar varios obstáculos:

◔ **Resistencia al cambio:** enfrentarse a la resistencia del personal a menudo es el mayor desafío. Para superarlo, es vital involucrar a los líderes de opinión dentro de la organización y promover la participación del personal en el proceso.

◔ **Inadecuada asignación de recursos:** la falta de recursos financieros o humanos adecuados puede frenar el progreso del plan. Se debe asegurar que la dirección ejecutiva esté comprometida con la provisión necesaria de recursos.

◔ **Falta de compromiso organizacional:** para que un plan de igualdad tenga éxito, el compromiso no debe ser solo una formalidad legal, sino un valor fundamental de la organización. La alta dirección tiene que liderar con el ejemplo, demostrando su compromiso con la igualdad.

➲ **Beneficios de una implantación eficiente:** más allá de cumplir con la legislación, la incorporación efectiva de un plan de igualdad trae consigo numerosos beneficios:

◔ **Mejora del clima laboral:** promover un ambiente de trabajo inclusivo y equitativo mejora la moral y satisfacción de los empleados.

◔ **Incremento de la productividad:** las organizaciones que valoran la diversidad y la igualdad demuestran mayores niveles de innovación y eficiencia.

◔ **Atracción y retención de talento:** las empresas con una fuerte política de igualdad son más atractivas para los talentos de diversas disciplinas y orígenes.

◔ **Imagen corporativa positiva:** la percepción externa de la empresa como líder en igualdad de género puede mejorar la relación con clientes, inversores y socios.

 **VÍDEO**

El Instituto de las Mujeres ha publicado distintas píldoras formativas para ayudar en el diseño e implementación de los planes de igualdad. Por ejemplo, en la siguiente se profundiza en la implementación y seguimiento del plan. Escanea el siguiente código QR para verlo.

https://redirectoronline.com/ctri00050306

 **APLICACIÓN PRÁCTICA**

María, responsable de recursos humanos en Conexia Global S. L., está liderando la implementación del plan de igualdad. Durante este proceso, su equipo evaluó las medidas que se tenían que tomar. Identifica cuál de las siguientes acciones no corresponde a una etapa adecuada en la implementación del plan.

- **Realizar una campaña de comunicación interna para sensibilizar sobre el plan de igualdad.**
- **Definir indicadores clave de rendimiento (KPI) para medir el impacto de las medidas implementadas.**
- **Ejecutar todas las medidas del plan de igualdad al mismo tiempo para acelerar los resultados.**
- **Formar una comisión de igualdad con representantes de diversas áreas de la organización.**

Solución

Ejecutar todas las medidas del plan de igualdad al mismo tiempo puede generar desorganización y dificultar el monitoreo de los avances. Es fundamental

Continúa en página siguiente >>

<< Viene de página anterior

planificar y calendarizar las acciones de manera progresiva para garantizar su efectividad y sostenibilidad.

2.3. Informes de impacto de género

Los Informes de impacto de género son herramientas cruciales en la implementación efectiva de los planes de igualdad. La elaboración de informes de impacto de género no solo proporciona una perspectiva de evaluación antes y después de la implantación de las medidas de igualdad, sino que también contribuye a la transparencia y responsabilidad de las organizaciones que implementan estos planes.

 **IMPORTANTE**

El propósito principal de los informes de impacto de género es identificar, prever y evaluar posibles desigualdades y proponer medidas correctivas cuando sea necesario. Sin una evaluación sistemática de las políticas y programas en términos de sus efectos diferenciados por género, es difícil conocer su eficacia real y adoptar las medidas apropiadas para mitigar o prevenir impactos negativos.

A continuación podemos ver los objetivos, metodologías y desafíos relacionados con los informes de impacto de género, que son importantes como herramientas clave para fomentar la igualdad de género y construir sociedades más equitativas.

Objetivos de los informes de impacto de género

Los objetivos principales de los informes de género son:

1. **Identificación de desigualdades:** los informes tienen como objetivo identificar posibles desigualdades y brechas de género, que podrían ampliarse o surgir como resultado de la implementación de una política o programa.

2. **Evaluación del efecto diferencial:** analizan el efecto diferencial de las medidas propuestas sobre mujeres y hombres, considerando factores interseccionales como la edad, la raza, la clase social y otros aspectos que puedan influir en la desigualdad de género.
3. **Propuesta de medidas correctivas:** proporcionan recomendaciones basadas en evidencia para adaptar, modificar o rediseñar políticas y programas, con el fin de mitigar o eliminar los impactos negativos identificados.
4. **Promoción de la igualdad de género:** contribuyen al objetivo general de promover la igualdad de género al asegurar que las políticas contribuyan a reducir la brecha entre hombres y mujeres en todos los aspectos de la vida social y económica.

Aspectos clave en la elaboración de informes de impacto de género

Algunos aspectos relevantes son:

- ⊃ **Recopilación de datos desagregados por sexo:** esta información permite un análisis detallado de cómo las políticas afectan a hombres y mujeres de manera diferente. La falta de datos desagregados es uno de los mayores desafíos, ya que, sin esta información, se complica la identificación de los patrones de desigualdad.
- ⊃ **Análisis interseccional:** un enfoque interseccional es vital para identificar cómo diferentes grupos de mujeres y hombres podrían verse afectados. Por ejemplo, la implementación de una política laboral puede afectar de manera distinta a mujeres de diferentes grupos étnicos o a personas con discapacidades
- ⊃ **Herramientas metodológicas:** existen múltiples herramientas metodológicas para la elaboración de informes de impacto de género, cada una con sus ventajas y limitaciones específicas. Son muy utilizadas las guías de evaluación de género que publican los distintos gobiernos y oenegés.

Ejemplos prácticos y estudios de caso

La implementación de los informes de impacto de género varía según el contexto y el tipo de política o programa. Un ejemplo influyente es la adopción de políticas urbanas con perspectiva de género en ciudades que se han enfrentado altos niveles de desigualdad. En Estocolmo, por ejemplo, se han implementado evaluaciones de impacto de género en las políticas de planificación urbana para asegurar que los espacios públicos sean accesibles y seguros tanto para mujeres como para hombres.

Desafíos y obstáculos en la elaboración de los informes

La elaboración de informes de impacto de género no está exenta de desafíos. Algunos de los obstáculos más comunes incluyen la resistencia organizacional, la falta de concienciación sobre la importancia de la perspectiva de género y la escasez de recursos para llevar a cabo un análisis exhaustivo. Superar estos retos requiere:

- **Fortalecimiento de la formación**: capacitar al personal en la perspectiva de género y proporcionarles herramientas sólidas para realizar estos análisis es fundamental.
- **Compromiso político y organizacional:** el compromiso a nivel gerencial y político.
- **Desarrollo de marcos políticos sólidos:** crear políticas y directrices claras sobre la necesidad y la forma de realizar informes de impacto de género.

 PARA SABER MÁS

Escanea el siguiente código QR para acceder a una guía editada por el Instituto de las Mujeres para saber cómo realizar informes de impacto de género:

https://redirectoronline.com/ctri00050307

 ACTIVIDAD COMPLEMENTARIA

4. Investiga ejemplos reales de informes de impacto de género aplicados en políticas públicas, programas organizacionales o proyectos específicos. Selecciona un ejemplo y menciona como mínimo dos medidas correctivas o recomendaciones propuestas en el informe.

3. Uso de algunas de las herramientas y recursos

☞ HILO CONDUCTOR

En Conexia Global S. L. vieron que debían fortalecer su plan de igualdad a través de herramientas específicas y recursos de apoyo. Para ello, implementaron un *software* especializado para el seguimiento de los indicadores de género, lo que permitió detectar áreas de mejora, como la brecha salarial y la falta de promoción interna para las mujeres.

Además, utilizaron guías prácticas de diseño de planes de igualdad y ofrecieron talleres sobre liderazgo inclusivo. En menos de un año lograron establecer objetivos claros, optimizar sus políticas internas y generar un entorno más equitativo y transparente.

- -

La implementación y el análisis de los planes de igualdad en una empresa o contexto determinado requiere del uso de diversas herramientas y recursos que faciliten su puesta en marcha, ejecución y evaluación.

Algunas de las herramientas más utilizadas son:

○ **Auditorías de igualdad de género:** las auditorías de igualdad de género son un procedimiento sistemático para revisar y evaluar las políticas, procedimientos y prácticas actuales de una organización desde la perspectiva de género. Este proceso implica la identificación de desigualdades de género existentes, la evaluación del impacto de las políticas vigentes y la formulación de recomendaciones para mejorar estas áreas. Su aplicación se basa en:

  ◔ **Evaluación de políticas:** una empresa decide realizar una auditoría para poder evaluar sus políticas de contratación, asignación de tareas y promociones profesionales. La auditoría ayuda a ver si existe discriminación o sesgos de género.
  ◔ **Comunicaciones internas y externas:** otra opción es auditar la comunicación interna y externa de la organización, asegurando que el lenguaje y las imágenes utilizadas no perpetúan estereotipos de género, es decir, que es no sexista.

○ **Indicadores de igualdad de género:** las empresas utilizan los indicadores de igualdad de género para medir avances o retrocesos en la implementación de sus planes. Estos indicadores deben ser específicos, medibles, alcanzables, relevantes y temporales. Estos indicadores se utilizan en distintos momentos y para evaluar distintos elementos, por ejemplo:

- **Brecha salarial:** indicadores como la comparación del salario medio entre hombres y mujeres en la misma posición laboral ayudan a identificar y remediar las disparidades salariales.
- **Acceso a formación:** se pueden utilizar indicadores para analizar la proporción de hombres y mujeres que acceden a programas de desarrollo profesional.

- **Programas de formación:** la formación es crucial para sensibilizar y educar al personal sobre la igualdad de género. Los programas de formación se deben diseñar no solo para crear conciencia, sino también para cambiar actitudes y proporcionar habilidades prácticas para promover la igualdad de género en el entorno laboral. Los programas de formación pueden ser, por ejemplo:

  - **Talleres de sensibilización:** talleres periódicos donde se trabaje el acoso sexual y por razón de sexo, la igualdad de género o los estereotipos de género.
  - **Cursos en línea:** se pueden usar plataformas de aprendizaje *online* para realizar cursos sobre liderazgo femenino, negociaciones inclusivas o igualdad de género.

- ***Software* de auditoría y control:** las empresas pueden utilizar software específico que permite realizar un seguimiento eficaz y auditar la implementación de los planes de igualdad.
- **Redes de mentoría:** crear redes de mentoría dentro de una empresa permite a mujeres y hombres aprender unos de otros y construir relaciones que fomenten el avance profesional y el desarrollo personal.
- **Políticas de conciliación y flexibilidad laboral:** implementar políticas que ofrezcan flexibilidad laboral para toda la plantilla puede reducir las barreras al avance profesional al que se enfrentan especialmente las mujeres, quienes con frecuencia asumen más responsabilidades de cuidado y del hogar. Por ejemplo, podríamos hablar del teletrabajo o de horarios de entrada y salida flexibles.
- **Comités y grupos de trabajo de igualdad de género:** establecer comités o grupos de trabajo internos y mixtos especializados en igualdad de género permite que la misma organización supervise el cumplimiento de los planes y recomendación de acciones que seguir.

 **VÍDEO**

Escanea el siguiente código QR para acceder a un vídeo que ofrece seis pasos para llevar a cabo un liderazgo inclusivo.

https://redirectoronline.com/ctri00050308

3.1. Recursos de ayuda

La implementación eficaz de planes de igualdad en cualquier organización o comunidad requiere una serie de recursos de apoyo bien estructurados. Estos recursos no solo facilitan la ejecución de las actividades previstas en el plan de igualdad, sino que también proporcionan el respaldo necesario para afrontar desafíos y resolver problemas a lo largo del proceso.

Los recursos de apoyo más relevantes actualmente son:

- ⮞ **Materiales educativos y de formación:** los materiales educativos constituyen la columna vertebral de cualquier plan de igualdad. Estos recursos no solo ayudan en la formación del personal, sino que también elevan la conciencia sobre la importancia de la igualdad en todos los niveles de la empresa. Los materiales pueden ser guías, vídeos, talleres presenciales o formación en línea.
- ⮞ **Asesoría y consultoría externa:** en muchas ocasiones, las empresas cuentan con personas expertas en igualdad de forma externa. Estas personas pueden desempeñar un papel crucial en el diagnóstico de la situación y en la recomendación de estrategias adecuadas para el contexto específico del cliente. Asimismo, pueden ofrecer una perspectiva imparcial, ayudando a identificar puntos ciegos que podrían bloquear el éxito del plan.
- ⮞ **Tecnología y herramientas digitales:** las herramientas digitales pueden variar desde *software* de gestión de recursos humanos diseñados

para monitorear la equidad de género en la contratación y la compensación, hasta plataformas de aprendizaje en línea que faciliten el acceso a toda la plantilla.

⮲ **Redes de apoyo y socios estratégicos:** aprovechar las redes de apoyo y establecer aliados estratégicos puede potenciar el alcance y el impacto de un plan de igualdad. Colaborar con organizaciones de igualdad permite compartir experiencias, recursos y lecciones aprendidas, lo que ayuda a evitar errores comunes.

⮲ **Instrumentos financieros y presupuestarios:** un presupuesto bien estructurado garantiza que todos los aspectos del plan reciban la financiación necesaria para ser llevados a cabo con éxito. Los recursos financieros permiten cubrir los costes asociados con materiales didácticos, contratación de personas expertas e implementación de herramientas tecnológicas, entre otros.

⮲ **Programas de mentoría y apoyo psicológico:** los programas de mentoría son otra herramienta poderosa que puede integrarse en los planes de igualdad. A través de estas iniciativas, la plantilla puede recibir orientación y apoyo personalizado, fomentando un entorno de desarrollo y aprendizaje constante. Asimismo, el acceso a grupos de apoyo psicológico es crucial, especialmente en casos en que alguna persona de la plantilla pueda haber experimentado situaciones de desigualdad, injusticia o discriminación.

⮲ **Políticas de comunicación interna y transparencia:** una política de comunicación transparente es fundamental para garantizar que toda la plantilla esté informada y alineada con los objetivos del plan de igualdad. Las comunicaciones deben ser claras, inclusivas y accesibles, utilizando diferentes canales para llegar a todos los empleados de forma efectiva. Se pueden usar, por ejemplo, comunidades en línea, portales de información o boletines internos.

👁 EJEMPLO

Un material práctico y efectivo para sensibilizar sobre igualdad de género en el entorno laboral es un taller de simulación diseñado para ilustrar situaciones reales y promover soluciones inclusivas. Durante el taller, las personas participantes se enfrentan a casos simulados que representan dinámicas laborales comunes, como procesos de promoción sesgados, comentarios sexistas en reuniones o desequilibrios en la asignación de tareas. A través de estas simulaciones se busca que las personas asistentes identifiquen de manera activa los desafíos relacionados con la igualdad de género y propongan estrategias para resolverlos.

Continúa en página siguiente >>

<< *Viene de página anterior*

Por ejemplo, en una de las actividades del taller se presenta a un grupo de trabajo que debe decidir sobre una promoción interna. Las personas participantes, organizadas por equipos, analizan cómo los sesgos inconscientes pueden influir en el proceso de selección y cómo implementar criterios objetivos y justos. Posteriormente, los grupos discuten sus hallazgos y la persona facilitadora guía una reflexión colectiva sobre la importancia de la transparencia y la equidad en las decisiones organizacionales.

Estos ejercicios prácticos fomentan no solo la comprensión de los principios de igualdad, sino también el desarrollo de habilidades clave para aplicarlos en el día a día laboral.

 TAREA 5

Luis, gerente del departamento de RR. HH. de Conexia Global S. L., está llevando a cabo la implementación de un plan de igualdad. Durante la revisión interna, detecta varios problemas: falta de formación en igualdad entre la plantilla, carencia de un canal claro de comunicación sobre los avances del plan y la necesidad de contar con apoyo psicológico para personas que han sufridos situaciones de desigualdad en el pasado. Luis necesita definir qué recursos son esenciales para abordar estas áreas críticas y garantizar el éxito del plan.

¿Qué recursos de apoyo pueden ser útiles para superar esos desafíos? Propón al menos dos.

---

4. Resumen

En la actualidad, la búsqueda de la equidad e igualdad de género surge como una necesidad dentro de las empresas, por lo que es necesario llevar a cabo planes de igualdad que cumplan con las normativas vigentes, pero que, además, se traduzcan en una mejora tangible en el ambiente laboral y en el comportamiento organizativo. Entonces, para establecer un plan de igualdad efectivo, es necesario:

Identificar y comprender las herramientas y recursos disponibles que facilitarán su ejecución.

Registrar el plan de igualdad, ya que, a través de los registros, las empresas pueden tener un control tangible del impacto de las políticas de igualdad implementadas.

Utilizar guías para el diseño e implementación de los planes de igualdad.

Tener en cuenta la importancia de los informes de impacto de género. Son instrumentos clave para evaluar la efectividad de las políticas y prácticas implementadas. Permiten detectar áres de mejora y garantizan que el avance hacia la igualdad real sea constante y medible.

Los recursos de ayuda son un componente central. Son un apoyo para afrontar los retos que pueden surgir durante la implementación de los planes de igualdad, incluyendo la formación continua, el desarrollo de habilidades y las oportunidades de colaboración entre empresas y organizaciones.

Ejercicios de autoevaluación
Unidad de Aprendizaje 4

1. **¿Cuál de las siguientes herramientas es útil para medir el progreso en la implementación de un plan de igualdad?**

   a. Redes sociales corporativas
   b. Encuestas de satisfacción general
   c. *Software* de gestión de planes de igualdad
   d. Manuales de procedimientos internos

2. **¿Qué recurso se considera esencial para fomentar la equidad en la organización?**

   a. Políticas de conciliación y flexibilidad laboral
   b. Manuales de uso de tecnología
   c. Programas de *marketing* interno
   d. Equipos de ventas especializados

3. **¿Cuál es una de las fases clave en el diseño de un plan de igualdad?**

   a. Contratar personal externo sin diagnóstico previo.
   b. Realizar un análisis situacional.
   c. Implementar todas las acciones de manera simultánea.
   d. Ignorar los indicadores de género.

4. **¿Qué tipo de formación es más efectiva para promover la igualdad en una organización?**

   a. Formación presencial basada en ejemplos prácticos
   b. Cursos generales sobre habilidades blandas
   c. Charlas motivacionales sin material de apoyo
   d. Talleres técnicos sobre el uso de *software* financiero

5. **Determina si la siguiente oración es verdadera o falsa: "Un plan de igualdad debe incluir objetivos SMART para garantizar su efectividad".**

   ■ Verdadero
   ■ Falso

6. ¿Cuál es una recomendación para superar la resistencia al cambio en la implementación de un plan de igualdad?

    a. Evitar involucrar a los líderes de opinión.
    b. Promover la participación activa del personal.
    c. Implementar el plan sin retroalimentación.
    d. Limitar la comunicación a los directivos.

7. Determina si la siguiente oración es verdadera o falsa: "El registro de un plan de igualdad es opcional en la mayoría de las legislaciones actuales".

    ■ Verdadero
    ■ Falso

8. ¿Qué deben incluir los informes de impacto de género para ser efectivos?

    a. Opiniones subjetivas de la dirección
    b. Datos desagregados por sexo
    c. Normativas laborales generales
    d. Solo información visual

9. ¿Qué instrumento financiero es clave para implementar un plan de igualdad?

    a. Recursos económicos planificados estratégicamente
    b. Publicidad externa
    c. Inversiones en áreas no relacionadas
    d. Reducción de presupuesto en formación

10. Determina si la siguiente oración es verdadera o falsa: "El uso de redes de mentoría en las empresas fomenta la igualdad y el desarrollo profesional de las mujeres".

    ■ Verdadero
    ■ Falso

Glosario

Acción positiva

Son las medidas dirigidas a un grupo determinado, con las que se pretende suprimir y prevenir una discriminación/opresión/desigualdad o compensar las desventajas resultantes de actitudes, comportamientos y estructuras existentes.

Acciones correctivas

Medidas diseñadas para abordar y rectificar desigualdades identificadas durante el diagnóstico o la evaluación de un plan de igualdad.

Acoso sexual

Cualquier comportamiento, verbal o físico, de naturaleza sexual que tenga el propósito o produzca el efecto de atentar contra la dignidad de una persona, en particular cuando se crea un entorno intimidatorio, degradante u ofensivo.

Acoso por razón de sexo

Cualquier comportamiento realizado en función del sexo de una persona, con el propósito o el efecto de atentar contra su dignidad y de crear un entorno intimidatorio, degradante u ofensivo.

Androcentrismo

El hombre como medida de todas las cosas. La tendencia a posicionar la experiencia del hombre en el centro de las explicaciones sobre las personas y el mundo.

Auditoría de género

Análisis de políticas, programas e instituciones en cuanto a cómo aplican criterios relacionados con el género.

Auditoría salarial con perspectiva de género

Análisis sistemático de los salarios en una organización para identificar y corregir desigualdades retributivas entre hombres y mujeres.

Buenas prácticas en igualdad
Ejemplos de medidas efectivas adoptadas por organizaciones para fomentar la equidad de género.

Comisión de igualdad
Equipo interdisciplinario dentro de una organización encargado de supervisar la elaboración, implementación y seguimiento de los planes de igualdad.

Conciliación
Conjunto de medidas y políticas destinadas a permitir que las personas puedan equilibrar sus responsabilidades laborales con sus obligaciones familiares y personales, sin que una afecte negativamente a la otra. Estas medidas buscan garantizar que tanto hombres como mujeres tengan igualdad de oportunidades para participar plenamente en el ámbito laboral, mientras gestionan sus responsabilidades familiares, como el cuidado de hijos, personas dependientes o actividades personales.

Cultura organizacional inclusiva
Conjunto de valores, políticas y prácticas que promueven la equidad, el respeto y la diversidad en el lugar de trabajo.

Datos desagregados por sexo
Recogida y desglose de datos y de información estadística por sexo, teniendo en cuenta las especificidades del género.

Diagnóstico
Proceso inicial en la elaboración de un plan de igualdad que analiza las desigualdades existentes dentro de una organización mediante la recopilación de datos cuantitativos y cualitativos.

Discriminación
Tratar de forma desigual a una persona o grupo de personas por motivos religiosos, políticos, de sexo, raciales, de edad, etc.

Discriminación directa
Una persona es tratada de forma menos favorable que otra en una situación comparable, por razón de sexo.

Discriminación indirecta
Situación que se presupone neutra pero que sitúa a las personas de un determinado sexo en desventaja respecto a las del otro sexo.

Discriminación positiva
También conocida como **acción positiva**, es un conjunto de medidas temporales diseñadas para favorecer a grupos que han sufrido históricamente discriminación o desigualdad, con el objetivo de corregir esas desventajas.

Diversidad
Todas las personas somos diferentes. Se busca que mujeres y hombres sean iguales en la diferencia.

Enfoque sensible al género
Herramienta conceptual que busca mostrar las diferencias entre mujeres y hombres, es decir, presta atención a estas diferencias entre sexos en las distintas actividades.

Equidad
Parte de las diferencias buscando un equilibrio igualitario.

Estereotipos de género
Conjunto de ideas impuestas, simplificadas, asumidas por la sociedad sobre las actitudes, aptitudes y características de hombres y mujeres.

Evaluación de impacto de género
Proceso que analiza cómo una política o acción afecta de manera diferenciada a mujeres y hombres, y propone ajustes para evitar desigualdades.

Feminizado
Sector que tiene las características asignadas tradicionalmente a las mujeres.

Flexibilidad laboral
Medidas que permiten adaptar horarios y modalidades de trabajo a las necesidades personales y familiares, mediante la promoción de la conciliación y la igualdad.

Igualdad
Busca que desaparezca la desigualdad de trato y oportunidades.

Igualdad de trato
Debe tratarse a todas las personas sin discriminación.

Igualdad formal
Artículo 14 de la Constitución, en el que se reconoce que todas las personas son iguales ante la ley.

Igualdad real
Igualdad, no solo ante la ley, sino también en todos los ámbitos de la sociedad.

Indicadores de igualdad
Herramientas de medición que permiten evaluar el progreso en la implementación de planes de igualdad, como la brecha salarial, la representación en niveles jerárquicos o la participación en programas de formación.

Liderazgo inclusivo
Modelo de liderazgo que fomenta la participación equitativa, valora la diversidad y promueve la igualdad de oportunidades.

Masculinizado
Sector que tiene las características tradicionalmente asignadas a los hombres.

Medidas de corresponsabilidad
Políticas que promueven una distribución equitativa de las responsabilidades familiares y laborales entre hombres y mujeres.

Patriarcado
El patriarcado se perpetúa a través de un conjunto de prácticas materiales y culturales que favorecen el acceso a los órganos de poder y toma de decisión a los hombres.

Perspectiva interseccional
Enfoque que analiza cómo interactúan diversas formas de discriminación (sexo, raza, edad, discapacidad, etc.) en la experiencia de las personas.

Plan de igualdad
Conjunto de medidas evaluables que buscan la consecución de la igualdad efectiva de mujeres y hombres, y por tanto, eliminar la discriminación y desigualdad en las empresas.

Prejuicios
Sentimientos y emociones positivas o negativas que se tienen sobre un grupo social y las personas que forman parte de él.

Prevención
Medida que se toma para evitar un riesgo, en este caso, prevenir el acoso sexual y/o acoso por razón de sexo.

Protocolo de acoso sexual y acoso por razón de sexo
Documento que establece los procedimientos de actuación de una determinada empresa cuando ocurran casos de acoso sexual y por razón de sexo.

Registro de planes de igualdad
Obligación legal en algunas jurisdicciones de inscribir los planes de igualdad en un organismo oficial para garantizar transparencia y cumplimiento.

Resistencia al cambio
Actitudes o comportamientos que dificultan la adopción de nuevas políticas o medidas orientadas a la igualdad.

Roles de género
Conjunto de normas sociales y comportamientos que deben seguir hombres y mujeres en función de la construcción social de femineidad y masculinidad de esa sociedad.

Segregación horizontal
Se produce cuando las mujeres están sobrerrepresentadas en actividades vinculadas a las tareas habitualmente femeninas basadas en la división sexual del trabajo.

Segregación ocupacional
Diferenciación de roles y sectores laborales según sexo, que puede llevar a desigualdades en oportunidades y condiciones laborales.

Segregación vertical
Se produce cuando las personas de determinado sexo o raza no pueden acceder a los puestos más altos de las empresas. También se conoce como techo de cristal.

Sensibilización
Busca visibilidad los problemas de género y promover acciones y estrategias para evitar y prevenir la violencia contra las mujeres.

Socialización diferencial de género
Implica que las niñas y los niños son diferentes y, por lo tanto, deben tener roles distintos en la vida. Es un proceso que perpetúa las desigualdades y la división sexual del trabajo.

Techo de cristal
Barrera invisible resultante del entramado de estructuras en organizaciones dominadas por hombres, que impide que las mujeres accedan a puestos de poder.

Transparencia salarial

Práctica de divulgar las políticas salariales y las escalas retributivas para identificar y prevenir desigualdades de género en los salarios.

Violencia contra las mujeres

Violencias basadas en la desigualdad de poder de mujeres y hombres y en la estructura social patriarcal. Violencias que sufren las mujeres por el simple hecho de serlo.

Bibliografía

Artículos electrónicos y guías

→ Consejo Económico y Social de España: *Mujeres, trabajos y cuidados: propuestas y perspectivas de futuro.* Instituto de las mujeres, de: <https://www.igualdadenlaempresa.es/recursos/CentroDocumentacion/docs/Informe_MUJERES_TRABAJOS_Y__CUIDADOS.pdf)>.

> Este informe analiza la persistente desigualdad de género en el ámbito laboral y en la distribución de las tareas de cuidado. Destaca cómo la pandemia de COVID-19 ha amplificado estas desigualdades y propone estrategias para una recuperación que promueva la igualdad efectiva entre mujeres y hombres

→ Ministerio de Igualdad: *Guía para la elaboración de diagnósticos y planes de igualdad en las empresas.* Instituto de las Mujeres, de: <https://www.igualdadenlaempresa.es/asesoramiento/herramientas-igualdad/docs/Guia_pdi.pdf)>.

> Esta guía ofrece herramientas metodológicas para desarrollar diagnósticos previos y estructurar planes de igualdad.

→ Ministerio de Trabajo y Economía Social. Guía de auditorías salariales con perspectiva de género. Instituto de las Mujeres, de: <https://www.igualdadenlaempresa.es/asesoramiento/herramientas-igualdad/docs/guia_AR_GENERO.pdf>.

> Esta guía detalla cómo identificar y corregir desigualdades retributivas mediante auditorías.

→ UN Women (s/f): *Herramientas de autoevaluación en igualdad de género para empresas,* de: <https://lac.unwomen.org/es/que-hacemos/empoderamiento-economico/igualdad-de-remuneracion/herramienta-dir#:~:text=La%20herramienta%20DIR%20es%20una,N%C2%BA%20100%20de%20la%20OIT>.

> Esta herramienta ayuda a las organizaciones a medir su nivel de compromiso y actuación en igualdad.